DIE SCHÖNSTEN RADTOUREN

Elsass & Vogesen

Erich Elsner

Mit Extra-Tourenheft
zum Mitnehmen

BRUCKMANN

INHALT

Einführung

Weißkohlfelder, Weinberge, Weiden 6 • Kirchen und Burgen 8 • Städte 10 • Essen und Trinken 12 • Weinstuben und Berggasthöfe 14 • Radfahren im Elsass 15 • Touren-Kombinationsmöglichkeiten 16

Zeichenerklärung 19

ELSASS UND VOGESEN

1 Durch das Lautertal 20

Lauterbourg - Bienwaldmühle - Wissembourg - Schleithal - Lauterbourg

2 Im Naturpark Nordvogesen 22

Lembach - Wingen - Gimbelhof - Burgruine Fleckenstein – Niedersteinbach - Obersteinbach - Langensoultzbach - Lembach

3 Auf dem Rhein-Radweg 26

Seltz - Anlegestelle Fähre Plittersdorf – Roeschwoog - Soufflenheim – Sessenheim - Dalhunden - Seltz

4 Fachwerkdörfer in der Region Outre-Forêt 32

Woerth - Merkwiller-Pechelbronn - Kutzenhausen – Hoffen – Betschdorf – Surbourg – Woerth

5 Durch den Hagenauer Forst 38

Haguenau - Walbourg - Surbourg - Betschdorf - Gros Chêne – Haguenau

6 Hanauer Land und Zinseltal 42

Ingwiller - La Petite Pierre – Graufthal - Dossenheim-sur-Zinsel - Neuwiller-lès-Saverne - Bouxwiller - Ingwiller

7 Von Saverne nach Dabo 48

Saverne - Burgruine Haut-Barr - Obersteigen - Rocher de Dabo - Dabo - Lutzelbourg – Saverne

8 Das Vallée de la Bruche 54
Mutzig - Mollkirch - Grendelbruch - Schirmeck - Urmatt - Mutzig

9 Am Canal de la Marne au Rhin 56
Strasbourg - Vendenheim - Waltenheim-sur-Zorn - Saverne

10 Von Saverne nach Strasbourg 58
Saverne - Marmoutier - Wasselonne - Marlenheim - Avolsheim - Strasbourg

11 Stadtrundfahrt in Strasbourg 64
Place de l'Etoile - Petite France - Münsterplatz - Europaviertel - Orangerie - Place de l'Etoile

12 Von Strasbourg nach Barr 70
Strasbourg - Canal de la Bruche - Avolsheim - Molsheim - Rosheim - Obernai - Barr

13 Von Barr nach Colmar 74
Barr - Andlau - Dambach-la-Ville - Kintzheim - Bergheim - Ribeauvillé - Riquewihr - Sigolsheim - Colmar

14 Von Colmar nach Strasbourg 80
Colmar - Neuf-Brisach - Biesheim - Marckolsheim- Canal du Rhône au Rhin - Strasbourg

15 Zum Mont Ste-Odile 86
Barr - Auberge du Hungerplatz - Mont Ste-Odile - Auberge du Moenkalb - Heiligenstein - Barr

16 Weinstraße und Elsässische Ebene 90

Dambach-la-Ville – Itterswiller – Andlau – Mittelbergheim – Barr - Gertwiller - Bourgheim - Epfig - Dambach-la-Ville

17 Sélestat und »Le Grand Ried« 94

Sélestat – Ehnwihr – Muttersholtz – Wittisheim – Ebersmünster – Scherwiller – Sélestat

18 Zur Haut-Koenigsbourg 100

Bergheim – Kintzheim – Châtenois – Huhnelmuhle – St-Maurice – Lièpvre – Haut-Koenigsbourg – Thannenkirch – Bergheim

19 Städtchen an der Weinstraße 104

Bergheim - Ribeauvillé - Riquewihr - Kientzheim - Kaysersberg – Sigolsheim – Bergheim

20 Route des Crêtes 110

Lapoutroie - Le Bonhomme – Col des Bagenelles – Col du Bonhomme – Col du Calvaire – Lac Blanc – Pairis – Orbey – Lapoutroie

21 Tal der Fecht und Colmar 114

Ostheim - Colmar - Eguisheim - Wettolsheim – Wintzenheim – Turckheim – Katzenthal – Ammerschwihr – Sigolsheim – Ostheim

22 Im Vallée de Munster 120

Turckheim - Walbach – Gunsbach - Munster - Griesbach-au-Val – Turckheim

23 Freilichtmuseum und südliche Weinstraße 122

Soultz-Haut-Rhin – Hartmannswiller – Freilichtmuseum - Merxheim – Soultzmatt – Guebwiller – Soultz-Haut-Rhin

24 Grand Ballon, höchster Vogesengipfel 126

Soultz-Haut-Rhin – Col Amic – Grand Ballon – Le Markstein - Lautenbachzell - Guebwiller – Soultz- Haut-Rhin

25 Von Thann zum Lac de Kruth-Wildenstein 130

Thann – St-Amarin – Kruth – Lac de Kruth-Wildenstein - Husseren-Wesserling - Thann

26 Durch den Sundgau 134

Illfurth – Altkirch - Hirtzbach – Seppois-le-Bas – Dannemarie – Eglingen –Illfurth

27 Entlang dem Canal de Huningue 136

Huningue – Kembs – Niffer – Ottmarsheim - Grunhutte (Forêt de la Hardt) - Kembs – Huningue

Kleiner Sprachführer 140

Register 142

EINFÜHRUNG

Weißkohlfelder, Weinberge, Weiden

Ein mildes Klima und ein leicht zu bearbeitender Lössboden schaffen ideale Voraussetzungen für den Weinanbau am Fuß der Vogesen.

Eine Ebene, in der sich Krautfelder ausdehnen und Hopfenstangen in den Himmel ragen; sanfte Hügelrücken, auf denen sich Weinberg an Weinberg reiht, kilometerweit; kahle Kuppen, auf denen im Mai Narzissen gelbe Teppiche bilden und im Sommer schwarzweiße Rinder grasen – höchst unterschiedlich sind die Landschaftsbilder im Elsass, das sich am linken Rheinufer entlang zieht als rund 200 km langer, aber nur 40–50 km breiter Streifen von den Jurahöhen im Süden bis zum Lautertal im Norden, deutlich unterteilt in drei Zonen: die Elsässische Ebene, die Vogesen-Vorberge, die Vogesen.

Flach und intensiv landwirtschaftlich genutzt ist die **Elsässische Ebene** dank des fruchtbaren Bodens, auf dem Weißkohl und Spargel, aber auch Hopfen und Tabak wachsen. Ausgedehnte Wälder wie der Hagenauer Forst erstrecken sich dort, wo der Boden weniger fruchtbar ist, Riedflächen dort, wo es feucht ist aufgrund der zahlreichen Wasserläufe. Größter Fluss ist die Ill, die im elsässischen Jura entspringt und, parallel zum Rhein, in nördlicher Richtung fließt. An diesem Wasserlauf entwickelten sich die großen Städte: Mulhouse, Colmar, Sélestat, Strasbourg, die Hauptstadt des Elsass mit ca. 250 000 Einwohnern, und Haguenau.

Nur wenige tausend Einwohner hingegen leben in den Städtchen in der **Vorbergzone**, wo die Hügelrücken sanft ansteigen bis auf 300 bis 400 m Höhe und im unteren Hangbereich beinahe durchweg von Reben, im oberen Teil von Edelkastanienwäldern bedeckt sind. Ein leicht zu bearbeitender, mineralhaltiger Lössboden ermöglicht, zusammen mit dem milden Klima hinter der Wetterbarriere der Vogesen, den intensiven Weinanbau zwischen Marlenheim und Thann.

Zu zwei Dritteln von Wald bedeckt sind hingegen die **Vogesen**, ein in Nord-

Im Sommer werden Rinder zu den Hochweiden in den Vogesen hinaufgetrieben.

Süd-Richtung parallel zur Rheinebene verlaufender Gebirgszug, dessen Kamm die Grenze zu Lothringen und damit die Grenze zwischen dem französischsprachigen und deutschsprachigen Gebiet bildet. Sanft steigen die Berge vom Westen her an, fallen jedoch abrupt nach Osten hin ab, wo unterhalb steiler Felswände dunkle Karseen liegen, Zeugnisse der einstigen Vergletscherung der Vogesen. Die höchsten Gipfel erheben sich im Süden, in den so genannten **Hochvogesen**. 1424 m hoch ist der Grand Ballon, über 1200 m hoch sind die anderen »ballons«, abgerundete Gipfel, in deren Umgebung sich Hochweiden finden, auf denen im Frühjahr alpine Pflanzen wachsen und im Sommer Rinder weiden. Die reizvolle, vor allem bei Wanderern beliebte Region wird durch den Status eines **Naturparks** (Parc Naturel Régional des Ballons des Vosges) geschützt.

Etwas aus dem Rahmen fallen der Norden und der Süden: Im Nordelsass verlaufen die Vogesen in einem weiten Bogen und schließen fruchtbares Ackerland ein, wo der Weinanbau zugunsten der Land- und Weidewirtschaft zurücktritt. Mit Höhen um 500 m haben die durchweg bewaldeten **Nordvogesen** den Charakter eines Mittelgebirges. Hier steht roter Buntsandstein an, der zu eindrucksvollen Felsen verwittert, auf denen häufig Burgruinen sitzen. Auch hier wurde ein **Naturpark** eingerichtet: der Parc Naturel Régional des Vosges du Nord, im Dreieck zwischen Bitche, Saverne und Wissembourg gelegen.

Der südliche Teil des Elsass, der so genannte **Sundgau**, liegt bereits südlich der Vogesen und geht in den Jura über: dünn besiedeltes, sanft gewelltes Hügelland, vorwiegend als Weideland für Vieh genutzt.

Kirchen und Burgen

Romanische Figurenfriese und gotische Portale, mittelalterliche Burgruinen und prachtvolle Renaissancehäuser – an kulturellen Sehenswürdigkeiten ist kein Mangel im Elsass, begann hier doch im Mittelalter eine lang anhaltende wirtschaftliche Blütezeit, aus der sich zahlreiche Bauwerke erhalten haben.

Sehenswert aus der **romanischen Epoche** (11.–12. Jh.) sind u.a. die frühe, außergewöhnliche Oktogonkirche von Ottmarsheim; Sts-Pierre et Paul in Rosheim, die als die am besten erhaltene romanische Kirche des Elsass gilt; die inmitten von Wald gelegene ehemalige Abteikirche St.-Léger in Murbach; die wuchtige Abteikirche in Marmoutier mit ihren rätselhaften Skulpturen; die Kirche St-Léger in Guebwiller mit reichem Figurenschmuck und massigem Mauerwerk; die Kapelle Ste-Marguerite in Epfig.

Störche

Auf Stadttürmen und Rathäusern stehen und am Himmel kreisen sie wieder, die schwarzweißen Stelzvögel, die um 1980 schon fast ausgestorben waren im Elsass, Opfer von Pestiziden, Überlandleitungen und Jagdgewehren. Dank einer Initiative jedoch hört man heute ihr Geklapper wieder überall: In mehreren Orten im Elsass wurden Storchengehege angelegt und Jungstörche aus Nordafrika eingeführt. Um den Wandertrieb dieses großen Zugvogels zu unterbinden, wurden sie drei Jahre lang in mit Netzen bedeckten Gehegen gehalten, danach in die Freiheit entlassen. Jetzt nisten sie in der Umgebung auf den eigens auf Hausdächern errichteten großen runden Nestern.

Einen so genannten »Parc des cigognes«, Storchenpark, gibt es in Molsheim, Kaysersberg, Munster, Turckheim und Rouffach; größere Aufzuchtstationen sind die Storchenparks bei Hunawihr und bei Kintzheim.

Die Zahl der Störche hat im Elsass in den letzten Jahren wieder zugenommen.

Gewaltige Bauwerke hat die **Gotik** (13.–15. Jh.) hervorgebracht: die Kirche Sts. Pierre et Paul in Wissembourg, zweitgrößtes gotisches Bauwerk im Elsass; die Kirche St-Martin in Colmar mit ihrem Südportal; die Dominikanerkirche in Colmar mit beeindruckenden Glasmalereien; die Florentiuskirche in Niederhaslach mit schönen Glasfenstern, sowie, als Glanzpunkte, das Münster von Strasbourg sowie St-Thiébaut in Thann.

Nach einer durch kriegerische Auseinandersetzungen bedingten Pause entstanden erst im 18. Jh. wieder größere Bauten, so die im **barocken**

Beeindruckend sind die Skulpturen an der massigen romanischen Kirche Sts-Pierre et Paul in Rosheim.

Stil von Peter Thumb erbaute ehemalige Abteikirche in Ebersmünster und die beiden Schlösser (Châteaux des Rohan) der Fürstbischöfe von Strasbourg in Saverne und Strasbourg.

Ab dem 11. Jh. begannen die Adligen damit, sich an Stellen, die leicht zu verteidigen waren, **Höhenburgen** zu erbauen und sich nicht mehr mit Tiefburgen, meist wehrhaften Wohnhäusern in den Siedlungen, zu begnügen. Ein wahrer Burgen-Bauboom brach im 12./13. Jh. aus, und es entstanden etwa 500 Burgen. Doch ab dem 15. Jh. verließen die Burgherren die zugigen Höhen und zogen es vor, in komfortableren Schlössern im Ort zu leben. So wurden viele Burgen verlassen und bei der Expansion Frankreichs Ende des 17. Jh. durch die schwedischen Truppen oder, später, durch die französischen Truppen erobert und zerstört. Einige jedoch wurden im 15./16. Jh. durch weitere Mauern und Bollwerke an die neuen Waffen, die Kanonen, angepasst, doch nur wenige wurden nach der Eroberung durch die Franzosen (ab 1680) zu Festungen ausgebaut wie Lichtenberg und La Petite Pierre. Rund hundert mittelalterliche Burgen sind als sehenswerte **Ruinen** erhalten: Die bekanntesten sind die auf schmalen, hohen Sandsteinfelsen erbauten Burgen Fleckenstein, Wasigenstein, Falkenstein und Haut-Barr, deren Erbauer aus dem Fels Treppen, Räume, Gänge und Brunnen heraushauen ließen. Wieder aufgebaut als Burg wurde Anfang des 20. Jh. die Haut-Koenigsbourg, heute eine der bedeutendsten Sehenswürdigkeiten im Elsass.

Tipp Die Touristenstraße »Route Romane« führt zwischen Altenstadt im Norden und Feldbach im Süden des Elsass an rund 100 Bauwerken aus der Romanik vorbei. Jeden Sommer finden zahlreiche Veranstaltungen in mehreren Kirchen statt: Führungen, Ausstellungen, Konzerte, z. B. auf der Silbermann-Orgel in Marmoutier und in anderen Kirchen während des im September stattfindenden »Festival Voix et Route Romane«. Auskunft: Administration de la Route Romane d'Alsace, F-67441 Marmoutier, Tel. 03 88 71 49 60, Internet www.route-romane-alsace.com

Städte

Von besonderem Reiz sind die Städte, die im 13./14. Jh. befestigt wurden und deren Altstadtkern sich bis heute nur wenig verändert hat, so dass die engen Straßen, die im 16. Jh. gebauten Renaissance-Häuser wohlhabender Bürger, die Fachwerkhäuser, Brunnen und Stadttore noch weitgehend erhalten sind. Selbst in den Großstädten Strasbourg und Colmar sind im Stadtkern einstige Handwerkerviertel und prächtige Renaissancehäuser rund um die Kirchen erhalten, gerettet vor dem Abbruch durch weitsichtige Verordnungen in den 60er Jahren des 20. Jh. Aber vor allem entlang der Weinstraße reihen sie sich auf, reizvolle Städtchen wie Obernai, Ribeauvillé, Riquewihr und Kaysersberg, weitgehend unverändert über die Jahrhunderte.

1000 Jahre und mehr sind diese Siedlungen alt, die sich, wie Strasbourg, aus einem Römerlager oder, wie Saverne, um eine römische Raststation entwickelten, bei einem Königsgut entstanden wie im Falle von Colmar oder bei einer Burg wie Eguisheim. Zu Städten erhoben wurden die Siedlungen in der Zeit, als die Staufer Herren des Elsass waren, zwischen Anfang des 12. Jh.

Im Zentrum von Strasbourg blieben reizvolle Viertel wie das Quartier des Tonneliers erhalten.

Verzierte Eckbalken wie in der Rue des Marchands in Colmar zeugen vom Reichtum der Bürger im Mittelalter.

und 1254. So stieg die Zahl der Städte von ursprünglich drei – Strasbourg, Haguenau und Seltz – zwischen 1200 und 1300 sprunghaft an auf über fünfzig.
Die Siedlungen besaßen nun das Recht, Märkte abzuhalten, die Gerichtsbarkeit auszuüben und die Siedlung zu befestigen. Innerhalb der Mauern siedelten sich Kaufleute und Handwerker an, waren sie doch hier gegen Angriffe anderer Herren geschützt.
Im 14 Jh. wuchs die Macht der Städte: Kaufleute und Handwerker organisierten sich in Gilden und Zünften, stellten sich gegen die Grundherren und schlossen sich Mitte des 14. Jh. zum so genannten Zehnstädtebund (Dekapolis) zusammen: Colmar, Haguenau, Kaysersberg, Munster, Mulhouse, Obernai, Rosheim, Sélestat, Turckheim, Wissembourg. Ihr Ziel: gegenseitige Hilfe und militärischer Schutz. 1679 erst wurde dieser Bund aufgelöst.
Reich wurden die Städte durch den Handel mit Wein und Korn. Um die Marktplätze entstanden Kornhäuser, Salzspeicher, Schlachthäuser – z.B. die Metzig in Molsheim – und prächtige Rathäuser, wurden Brunnen aufgestellt, deren schönste die von einem steinernen Baldachin überdachten Sechseimerbrunnen sind wie in Rosheim, Boersch und Obernai.
Auch die Bürger zeigten ihren Reichtum: die Besitzer von Fachwerkhäusern ließen die Balken mit Schnitzereien verzieren oder geschnitzte Figuren anbringen, wie z.B. am fünfgeschossigen Maison Kammerzell in Strasbourg und am Maison Katz in Saverne, den beiden schönsten Fachwerkhäusern, zu sehen ist; an-

Interessante Museen
Betschdorf: Töpfereimuseum (Musée de la Poterie), infomiert über die jahrhundertlange Tradition der Steingut-Herstellung in Betschdorf.
Colmar: Das Kunstmuseum Unterlinden (Musée d'Unterlinden) mit Abteilungen für Archäologie, Kunsthandwerk, Volkskunst und moderne Kunst; weltberühmt der von Mathias Grünewald geschaffene Isenheimer Altar (frühes 16 Jh.).
Kientzheim: Alles über die 1000-jährige Geschichte des Weinbaus erfährt man im Elsässischen Weinmuseum (Musée du Vignoble et des Vins d'Alsace), über die Pflege des Weinbergs, den Weinkeller und den Handel mit Wein.
Kutzenhausen: Bauernhausmuseum (Maison Rurale de l'Outre-Forêt), vollständig eingerichteter Bauernhof mit Nebengebäuden und Bauerngarten.
Mulhouse: Im Automobilmuseum (Musée de l'Automobile) eine einzigartige Sammlung von rund 500 Autos aus allen Epochen.
Mulhouse: Das Eisenbahnmuseum (Musée Français du Chemin de Fer) dokumentiert 150 Jahre Eisenbahngeschichte.
Sélestat: Humanistische Bibliothek (Bibliothèque Humaniste) mit einer einzigartigen Sammlung mittelalterlicher Handschriften.
Strasbourg: Über Brauchtum und volkstümliche Kunst sowie das ländliche Leben zwischen dem 17. und 19. Jh. informiert das Elsässische Museum (Musée Alsacien).
Ungersheim: Bauernhausmuseum (Eco Musée d'Alsace) mit mehreren wiederaufgebauten und in Form eines Dorfes angeordneten Gebäuden aus der Region.

dere ließen sich Steinhäuser errichten mit Volutengiebeln, eleganten Türmchen und steinernen Fensterkreuzen. Die meisten ließen sich ihren Türsturz verschönern, z.B. durch die Initialen des Bauherren, die Jahreszahl oder durch Handwerksembleme wie den Krug für den Zinngießer, Brezel und Brot für den Bäcker, Schraubzwinge und Klöpfel für den Fassbinder. Doch nur wenige konnten sich einen Erker leisten. Ursprünglich waren Erker private Gebetsorte, die sich nicht unter- oder oberhalb eines profanen Zimmers befinden durften, weshalb sie, gestützt durch Pfeiler, nach außen gebaut wurden. Doch mit der Zeit entwickelten sie sich zu Statussymbolen: sie reichten z.B. über zwei Geschosse oder wurden an der Hausecke angebracht. Besonders schön verziert sind die Erker am Maison de l'Ami Fritz in Wissembourg, am Maison des Têtes und am Maison Pfister (Rue des Marchands) in Colmar, am Hotel Deux Clefs in Turckkeim, am Schickhardt-Haus in Riquewihr.
Schwer zu entscheiden ist, welches der Städtchen das schönste ist: Ob Riquewihr mit der fast vollständig erhaltenen Stadtbefestigung, Eguisheim mit seinem beinahe kreisrunden Grundriss und dem einst zweifachen Mauerring, Ribeauvillé mit seinen prächtigen Fachwerkhäusern, Turckheim mit seinen drei Stadttoren und engen Straßen oder eines der kleineren Städtchen wie Bergheim oder Dambach-la-Ville.

Essen und Trinken

Bekannt ist das Elsass für seine gute, herzhafte Küche. In zahlreichen Restaurants wird auf traditionelle Küche Wert gelegt und beliebte **elsässische Spezialitäten** werden angeboten:
Am bekanntesten ist zweifellos **»Choucroute«**, Sauerkraut in

Riesling gekocht und traditionell serviert mit verschiedenen Würstchen, mit Speck und manchmal Eisbein (Waedele) oder Leberknöpfle. Doch auch Fisch wird zusehends häufiger dazu gereicht.

Flammenkuchen (Tarte flambée) sind hauchdünne Kuchen aus Brotteig, bestrichen mit Sahne und belegt mit Speckwürfeln sowie Zwiebeln und traditionsgemäß im heißen Backofen in wenigen Minuten knusprig braun gebacken; sie werden vor allem samstagabends in zahlreichen Lokalen in Ausflugsorten angeboten.

Baeckeoffa ist eine Art deftiger Eintopf, bestehend aus Fleisch, Kartoffeln und Zwiebeln, in einer Steingutform im Ofen gegart; in Restaurants ist er zumeist nur für 2 Personen oder auf Vorbestellung zu haben.

Matelote ist ein Fischgericht, bestehend aus 5 bis 6 Süßwasserfischen, die in Weißwein gegart werden.

Typisch für das Elsass sind **kleine Gerichte** wie Bratkartoffeln mit Munsterkäse oder Straßburger Wurst oder Wurstsalat; sie werden meist in Weinstuben angeboten (→ **Elsässische Spezialitäten**).

Nicht zu übersehen ist, dass die Region vom Weinbau lebt. Rund 9 000 Winzer betreiben hier Weinbau, keltern und verkaufen ihren **Wein**. Dessen Qualität wird streng überprüft, die Abfüllung, die an Ort und Stelle erfolgen muss, überwacht, der Anbau

Elsässische Spezialitäten

Bibeleskäs (Quark)	fromage blanc
Entenleberpastete	paté de foie gras de canard
Fleischpastete	paté en croûte
Froschschenkel	cuisses de grenouille
Gänseleberpastete	paté de foie gras d'oie
Hering, eingelegt	harengs marinés
Königinpastete	bouchée à la Reine
Presskopf mit Essigsauce	Presskopf vinaigrette
Schinken, roh	jambon cru
Schinken, gekocht	jambon cuit

Vorspeisen/kleine Gerichte

Schnecken nach Elsässer Art	escargots à l'alsacienne
Winzerfleischpastete	tourte vigneronne
Wurstsalat	salade de cervelas
Wurstsalat mit Käse	salade mixte
Ziegenkäse (warm)	chèvre (chaud)

Hauptgerichte

Bäckchen vom Schwein/Rind	joues de porc/boeuf
Fleischkiechle	galettes de viandes
Fleischschnecken (gefüllter Nudelteig aufgerollt und in Scheiben geschnitten)	Fleischschnecken
Forelle	truite
Grumbeerkiechle (Kartoffelpuffer)	palets de pomme de terre
Hähnchen in Riesling	coq au riesling
Hachse (Kalbs-)	jarret (de veau)
Kalbskopf	tête de veau
Kalbsnieren	rognons de veau
Karpfen, gebraten	carpe frite
Lawerknöpfle (Leberknödel)	quenelles de foie
Schieffala (geräucherte Schweineschulter)	collet fumé
Wädele (Schweinshachse, Eisbein)	jambonneau
Zander in Riesling	sandre au Riesling

Weinstuben, z. B. die »Winstub Arnold« in Itterswiller, sind traditionsreiche Lokale, in denen meist der hauseigene Wein ausgeschenkt wird.

geregelt. Nur sieben Rebsorten dürfen angebaut werden: sechs weiße – Riesling, der bekannteste Wein des Elsass, Sylvaner, Pinot blanc, Muscat d'Alsace, Tokay Pinot Gris, Gewurztraminer – und ein roter, der Pinot Noir. Eine Mischung verschiedener Rebsorten ist der Edelzwicker. Besondere Weine sind die rund 50 »Grands Crus«, nur gekeltert aus reifen Trauben der besten Lagen. Elsässischer Wein kann sowohl direkt beim Winzer (vente directe) als auch in den zahlreichen Winzergenossenschaften (cave vinicole) gekauft werden.

Auch **Bier** wird im Elsass gebraut, seit dem 13. Jh. in mehreren Brauereien vor allem in und um Strasbourg. Heute produzieren u. a. noch die Brauereien Fischer, Heineken, Kronenbourg und Méteor; teilweise sind Betriebsbesichtigungen möglich.

Weinstuben und Berggasthöfe

Farbenfroh und rustikal ist die Einrichtung der Gasträume, ungezwungen die Atmosphäre, traditionell die Küche in den zahlreichen **»Winstubs«**, in denen vor allem elsässischer Wein ausgeschenkt wird, häufig Wein aus eigenem Anbau.

Mit dem Ausschank des eigenen Weins begannen zu Anfang des 20. Jh., als der Verkauf des Weines zunehmend schwieriger wurde, manche Winzer, vor allem diejenigen, die gleichzeitig Bäcker oder Metzger waren. In der »guten Stube« schenkten sie ihn aus, boten dazu kleine Gerichte an. Eine Idee, die sich bewährte: die nächste Generation konnte vielfach bereits von

Weinbau und Weinstube leben, und die nachfolgende erweiterte aufgrund steigender Touristenzahlen, die Weinstube zum Restaurant oder gar zum Hotel. Mehr Zeit erforderte nun die Betreuung der Gäste, was eine Arbeitsteilung notwendig machte. Ein Familienzweig übernahm die Arbeit im Weinberg, der andere die in der Weinstube, die heute vielfach in der vierten Generation weitergeführt wird.

Info An den Radstrecken liegen meistens mehrere Einkehrmöglichkeiten, doch sollte man, plant man einzukehren, folgendes bedenken: Durchgehend warme Küche ist im Elsass höchst ungewöhnlich. Denn Restaurants sind in der Regel nur mittags zwischen 11.30 bzw. 12 und 14 Uhr sowie ab 18 oder 19 Uhr geöffnet. Will man zwischendurch einkehren, um etwas zu trinken, bieten sich die »Brasseries« oder Cafés (salon de thé) an. Auch Hotels haben häufig einen Gastraum, in dem während des gesamten Tages Kaffee oder sonstige Getränke serviert werden.

Aus der einstigen »Marcaire« (Melkerei), in welcher die Bauern in den Bergen den Sommer verbrachten, wurde mit der zunehmenden Zahl an Gästen die **»Ferme Auberge«**, der Berggasthof mit einfachen Räumen, ein paar Tischen vor dem Haus und kleiner Speisekarte. Beinahe überall wird mittags das »Repas marcaire«, die Melkermahlzeit, angeboten, bestehend aus Fleischpastete, Bratkartoffeln (Roigabrägeldi) mit Kassler und Salat, Munster und Nachtisch. Für dieses Mittagessen ist Vorbestellung am Wochenende sehr zu empfehlen. Nachmittags und abends werden kalte Gerichte serviert: Speck, roher Schinken und natürlich der meist vor Ort hergestellte Munsterkäs, der auch gekauft werden kann. Geöffnet sind viele dieser Berggasthöfe nur zwischen Mitte Mai und Mitte Oktober.

Eine der elsässischen Spezialitäten ist »Choucroute« (Sauerkrautplatte).

Radfahren im Elsass

Die hier beschriebenen Touren sind in der Mehrheit Rundtouren zwischen 30 und 60 km Länge, so dass jeder Radfahrer die ihm gemäße Tour finden kann. Leicht sind die Touren, die durch die flache **Elsässische Ebene** führen, entlang der Kanäle, durch Waldgebiete wie den Hagenauer Forst und das von Wasserläufen durchzogene Große Ried. Ein besonderes Vergnügen ist auch die Stadtrundfahrt durch das radfahrerfreundliche Strasbourg, wo man auf 12 km Länge die wichtigsten Sehenswürdigkeiten anfährt und sich genügend Zeit lassen kann für Besichtigungen und zum Einkehren.

Etwas mehr Kondition ist bei den Touren vonnöten, die durch die Weinberge in den Vogesen-Vorbergen führen. Die Anstiege sind zwar jeweils kurz, dennoch summieren sich die Höhenmeter. Schieben ist jedoch kein Problem, denn die Touren verlaufen überwiegend auf ruhigen, manchmal auch für den KFZ-Verkehr gesperrten Wirtschafts- und Weinbergwegen. Außerdem bieten die Ausblicke sowie die am Weg gelegenen Dörfer und Städtchen genügend Möglichkeiten für Pausen.

Durchhaltevermögen muss der Radfahrer mitbringen, der sich an die Touren wagt, die auf die Höhen hinaufführen wie zum Mont Ste-Odile, zur Haut-Koenigsbourg, beides viel besuchte Ausflugsziele, oder zum Vogesenkamm und auf den höchsten Vogesengipfel, den Grand Ballon. Diese Touren verlaufen auf Straßen, die an schönen Wochenenden stark befahren sein können.

In den letzten Jahren wurden mehrere **Radwege** angelegt und auch ausgeschildert. Die Radmarkierungen sind jedoch nicht einheitlich: im Nord-Elsass (Département Bas-Rhin) handelt es sich um weiße oder bunte Täfelchen mit grünem Rand, im Süd-Elsass (Département Haut-Rhin) um blaue Täfelchen mit weißem Radler-Symbol. Sehr beliebt sind inzwischen die Radstrecken entlang der Kanäle – Canal de la Bruche, Canal de la Marne au Rhin, Canal du Rhône au Rhin – und die parallel zur Weinstraße verlaufende Route.

Die hier beschriebenen Touren richten sich vor allem an »Genussradler«, die während der Radtouren auch noch genügend Zeit zum Einkehren und zum Besichtigen der Sehenswürdigkeiten am Weg haben möchten. Wer längere Touren vorzieht, findet in der Broschüre »Le Bas-Rhin à bicyclette« Vorschläge für Touren im Nord-Elsass oder kann sich mit Hilfe der folgenden beiden Radkarten seine Route zusammenstellen: »Carte des Parcours cyclables (Bas-Rhin)« und »Le Haut-Rhin à vélo«, erhältlich in den Touristenbüros.

Touren-Kombinationsmöglichkeiten

Die meisten der vorgestellten Touren lassen sich zu zwei-, drei- oder mehrtägigen Rundtouren kombinieren. Selbst wenn ausge-

Grenzüberschreitende Radwege wie der Rhein-Radweg sind markiert mit einem gelben Radler auf blauem Grund.

wählte Touren nicht unmittelbar zusammenhängen, ergeben sich für Radfahrer kaum Probleme, denn die Landstraßen, die als Überbrückung dienen, sind zwar nicht gerade autofrei, aber normalerweise doch so verkehrsarm, dass Radfahrer sich unbehelligt fühlen können. Der Großteil des Autoverkehrs im Elsass konzentriert sich auf einige wenige Durchgangsstraßen; meiden sollte man folglich alle Nationalstraßen (»N« plus Straßennummer) und die wenigen Département-Straßen (»D« plus Straßennummer), die als überregionale Verbindungen zwischen Städten dienen.
An sonnigen Wochenenden sind auch die »Route des Vins« und die »Route des Crêtes« stark befahren.

Vorschläge für Touren-Kombinationen:

Im Nordelsass

Tour 5 (Haguenau - Betschdorf) mit Tour 4 (Woerth - Betschdorf);

Tour 4 (Woerth - Betschdorf) mit Tour 2 (Lembach - Burgruine Fleckenstein);

Tour 11 (Stadtrundfahrt Strasbourg) mit Tour 9 (Strasbourg - Saverne) und Tour 10 (Saverne - Strasbourg); in Saverne lässt sich Tour 7 (Saverne - Dabo) anschließen.

Tour 10 (Saverne - Strasbourg) ermöglicht in Avolsheim Anschluss an Tour 12 (Strasbourg - Barr).

Eine **Verbindung zwischen dem Nordelsass und der südlicheren Weinregion** stellt die folgende (zwei- bis dreitägige) Kombination dar:

Tour 12 (Strasbourg - Barr) mit Tour 13 (Barr - Colmar) und Tour 14 (Colmar - Strasbourg).

Über Tour 13 (Barr - Colmar) als »Basis-Strecke« lassen sich fast alle **Touren an der Weinstraße** miteinander verbinden, beispielsweise

Tour 15 (Barr - Mont Ste-Odile) mit Tour 16 (Dambach - Barr - Epfig),

Tour 18 (Bergheim - Haut-Koenigsbourg) mit Tour 19 (Bergheim - Riquewihr - Kaysersberg),

Tour 19 (Bergheim - Riquewihr - Kaysersberg) mit Tour 21 (Ostheim - Colmar).

Höchst gegensätzlich in Landschaft und somit an die körperlichen Anforderungen sind die miteinander kombinierbaren Touren 23 (Soultz-Haut-Rhin - Éco-Musée) und 24 (Soultz-Haut-Rhin - Grand Ballon).

Im **Sundgau** lassen sich Tour 26 (Illfurth - Altkirch - Dannemarie) und Tour 27 (Huningue - Ottmarsheim) über einen Radweg am Canal du Rhône au Rhin und durch Mulhouse hindurch miteinander verbinden.

Über die länderübergreifende **»Vélo-Route Rhin/Rhein«** – für das Elsass der Abschnitt zwischen Huningue (bei Basel) im Süden und Lauterbourg im Norden – ergeben sich mehrere Tourenkombinationen, so z.B mit

Tour 27 (Huningue - Ottmarsheim); Anschluss auf Kanal-Radweg an Tour 26 (Illfurth - Altkirch - Dannemarie);

Tour 12 (Strasbourg - Barr);

Tour 9 (Strasbourg - Saverne);

Tour 3 (Seltz - Soufflenheim);

Tour 1 (Lauterbourg - Wissembourg).

Zeichenerklärung:

- **mittel** Schwierigkeitsgrad
- ↑ **90 m** ↓ **90 m** Höhenunterschied
- Rundtour
- **63 km** Streckenlänge
- **5 Std.** Reine Fahrtzeit (ca.)
- Bahnhof

Kartenlegenden:

- Autobahnen
- Verkehrsreiche Bundes- und Landstraßen
- Verkehrsarme Nebenstraßen
- Verkehrsfreie Teer- und Schotterwege
- Eisenbahn
- Routenführung
- Alternativroute
- Richtungspfeil
- A E Ausgangs- und Endpunkt der Tour
- S U S- und U-Bahn
- P Parkplatz
- N 0 1 km Nordpfeil und Maßstab
- Kirche, Kapelle
- Kloster
- Schloss / Burg
- Museum
- Prähistorische Anlagen
- Sonstiger Anziehungspunkt
- Gasthof / Café
- Bademöglichkeit
- Aussichtspunkt
- Rundsicht
- Flugplatz
- Moorgebiet
- Turm / Aussichtsturm
- Funk- / Sendeanlagen

Tourenheft:

- Sehenswerte Kirche
- Schloss/Burg
- Museum
- Ansonsten sehenswert
- Gasthof/Café
- Badegelegenheit
- reizvolle Landschaft
- schöne/weite Aussicht
- Alternative Abstecher
- Achtung! Gefahrenquelle

Höhenprofil:

Höhenmeter

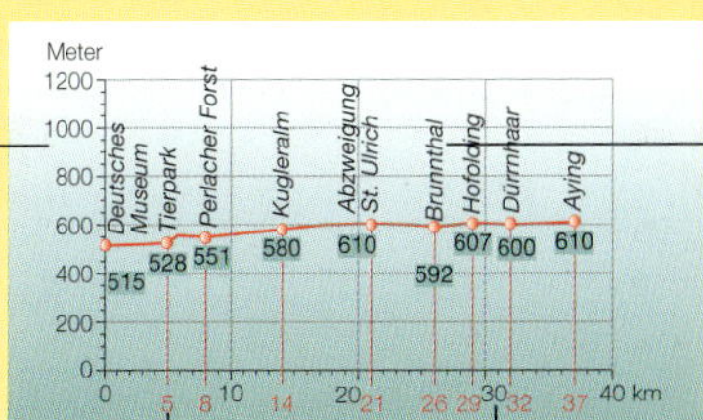

wichtigste Stationen auf der Tour

gefahrene Kilometer

Fahrstrecke

leicht

47 km

↑ 50 m
↓ 50 m

3 Std.

Durch das Lautertal

Lauterbourg – Bienwaldmühle – Wissembourg – Schleithal – Lauterbourg

Im flachen Tal der Lauter, dem Grenzfluss zwischen Elsass und Pfalz, wurden Radwege angelegt, die auf der ersten Hälfte der Tour großteils durch Wald, auf der zweiten an Straßendörfern entlang führen. Wendepunkt der Strecke ist das reizvolle Städtchen Wissembourg.

Rechts: Beliebte Einkehrmöglichkeit in Wissembourg: das Restaurant »Au Saumon«.

Tourenverlauf

Wir verlassen **Lauterbourg** durch das Landauer Tor am nördlichen Stadtrand, überqueren die Lauter und damit die Grenze, halten uns in **Neulauterburg** links und gelangen nach **Scheibenhardt**, wo wir – abweichend von der Radmarkierung – auf der Hauptstraße bleiben und rechts abbiegen. Nach angenehmer Fahrt durch Wald erreichen wir die **Bienwaldmühle** erreichen, ein beliebtes Ausflugslokal.

In einem Rechtsknick der Straße folgen wir nach links dem Schweighofer Weg zur Haltestelle Schweighofen. Wir überqueren die Bahngleise, wenden uns nach links und gelangen nach **Welschdorf**, wo wir die Ortsdurchfahrt kreuzen.

Abstecher: Hundert Meter sind es nach links zur romanischen Kirche St-Ulrich.

Entlang der Lauter gelangen

Tipp

Südwestlich von Lauterbourg liegt das Bassin des Mouettes, ein kleiner See mit Freizeitgelände, Badestrand und Campingplatz. Segeln, Surfen und Tauchen ist ebenfalls möglich.

Tourencharakter: Großteils markierte Tour ohne nennenswerten Anstieg; auf Radwegen und ruhigen Landstraßen; familiengeeignet.
Ausgangs- und Endpunkt: Lauterbourg.
Anreise: PKW: A4, Strasbourg – Saverne und Abzweigung A35, Ausfahrt 59 (Lauterbourg); Parkmöglichkeiten an der Ortsdurchfahrt. **Bahn:** Verbindung von Strasbourg.
Streckenverlauf: Scheibenhardt 4 km, Wissembourg Altstadt 16 km, Schleithal 14 km, Scheibenhardt 9,5 km, Lauterbourg 3,5 km.
Variante: Drei ausgeschilderte Abkürzungen möglich.
Wegweisung: Bis auf den Abschnitt Welschdorf – Wissembourg durchgehend markiert: weißgrüne Schilder.
Karte: IGN (= Institut Géographique Nationale) TOP 100, 1 : 100 000, Blatt 12 Strasbourg/Forbach.
Essen und Trinken: In Lauterbourg, Neu-Lauterburg, Bienwaldmühle, in Wissembourg, Schleithal, Salmbach, Scheibenhard.
Einkehrtipps: Restaurant Bienwaldmühle mit Biergarten; Gasthaus Au Saumon mit Biergarten in Wissembourg.
Unterkunft: In Lauterbourg u.a. Hôtel du Cygne (Tel. 03 88 94 80 59); Camping »Les Mouettes« (Tel. 03 88 54 68 60).
Sehenswertes: Romanische Kirche in Altenstadt; Altstadt von Wissembourg mit gotischer Kirche Sts. Pierre et Paul, Stadtmuseum Musée Westercamp.
Fahrradverleih: In Wissembourg Vélo & Oxygen-Relais, 5, Rue des Ecoles, Tel. 03 88 94 08 81.
Information: Office de Tourisme, 9, Place de la République, F-67163 Wissembourg, Tel. 03 88 94 10 11, Fax 03 88 94 18 82, E-Mail tourisme.wissembourg@wanadoo.fr

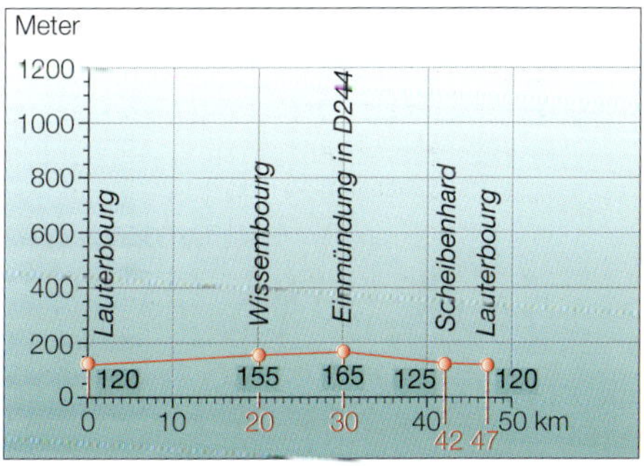

wir nach **Wissembourg**. Über den Parkplatz eines Schulkomplexes fahren wir geradeaus und folgen der querlaufenden Rue des Quatre Vents nach links in die Altstadt. Hier lohnt sich ein kleiner Rundgang!
Auf demselben Weg kehren wir zurück bis zur Bahnhaltestelle Schweighofen, überqueren die Bahngleise und fahren nach rechts auf einem asphaltierten Fahrweg, der zur D 3 führt. Geradeaus erreichen wir die D 244. Ein Radweg führt nach links entlang des Waldrands und vorbei an **Schleithal**, **Salmbach** und **Niederlauterbach** nach **Scheibenhard**, wo wir die Lauter überqueren und im deutschen **Scheibenhardt** rechts abbiegen auf den Radweg, der nach **Neulauterburg** führt. Nach rechts über die Lauter kehren wir nach **Lauterbourg** zurück.

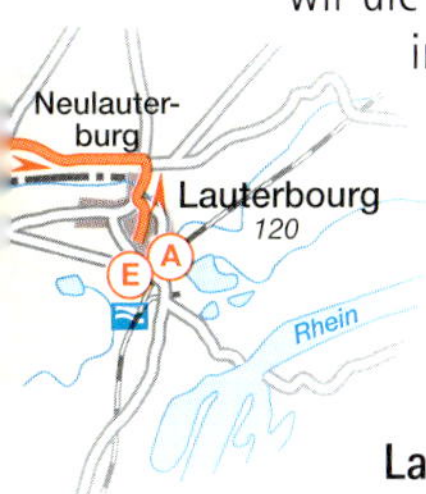

mittel

50 km

↑ 430 m
↓ 430 m

4½ Std.

Im Naturpark Nordvogesen

Lembach – Wingen – Gimbelhof – Burgruine Fleckenstein – Niedersteinbach – Obersteinbach – Langensoultzbach – Lembach

Der Naturpark Nordvogesen ist bewaldet und bekannt für die zahlreichen Burgruinen, die auf roten Sandsteinfelsen sitzen. Wohl die am häufigsten besuchte ist die Burgruine Fleckenstein, die per Auto und damit auch per Rad erreichbar ist. Andere Ruinen sind von dieser Radstrecke aus nur von weitem zu sehen, vor allem im reizvollen Tal der Steinach.

Tourenverlauf

Ab der Hauptkreuzung in **Lembach** folgen wir der Ortsdurchfahrt (D 27) in Richtung Wingen zum nördlichen Ortsende, wo wir rechts abbiegen und auf der D 503 zwischen Wiesen auf streckenweise recht steil ansteigendem Weg nach **Wingen** fahren. Hier folgen wir der Radmarkierung in Richtung Gimbelhof auf schmaler Landstraße nach **Petit Wingen**. Wir biegen links ab und fahren auf der schmalen, ansteigenden Route Forestière du Litschhof etwa 4 km weit im bewaldeten Heimbach-Tal zu einer Straßenkreuzung im Sattel **Col du Litschhof**.
Geradeaus geht es weiter leicht bergauf zu dem auf einer großen Lichtung gelegenen **Gimbelhof**, von dem aus bereits die Burgruine Fleckenstein zu sehen ist.
Nach rechts folgen wir einem markierten Feldweg, den wir mit zahlreichen Wande-

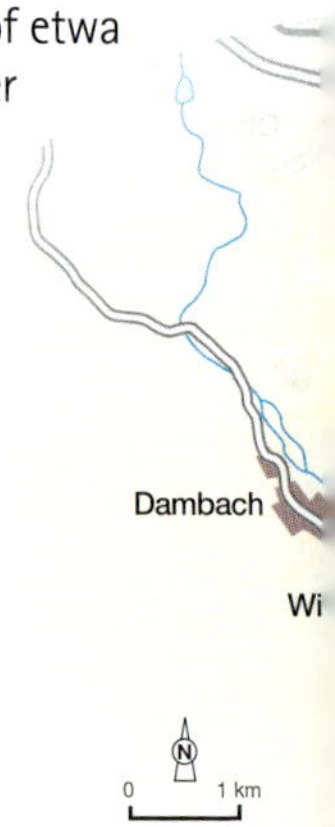

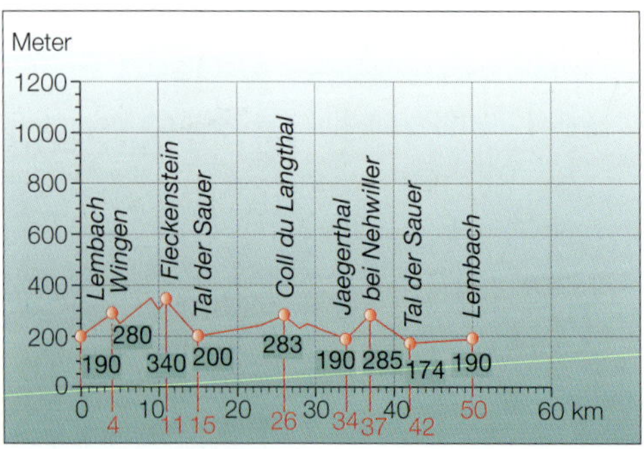

Tourencharakter: Anstrengende Rundtour in den Nordvogesen mit einem 9 km langen Anstieg zu Beginn; im Tal des Steinbachs und in Seitental 10 km weit stetig leicht ansteigend; nochmaliger kurzer Anstieg und im Tal der Sauer bequem aufwärts; ruhige Landstraßen und im Tal der Sauer auf ehemaliger Bahntrasse.
Ausgangs- und Endpunkt: Lembach, 25 km nördlich von Haguenau.
Anreise: PKW: A 4, Strasbourg – Saverne, Ausfahrt 47; A 340 nach Haguenau; D 27 über Woerth nach Lembach; kleine Parkplätze an der Mairie und im Ortskern (Ausschilderung: Mattstall) an der Kirche.
Streckenverlauf: Wingen 4 km, Gimbelhof 6 km, Burgruine Fleckenstein 1,5 km, Niedersteinbach 9 km, Obersteinbach 3,5 km, Jaegerthal 10 km, Langensoultzbach 5,5 km, Lembach Kirche 10,5 km.
Abstecher: Vom Ortsrand von Lembach zu einem Bunker der Maginot-Linie.
Variante: Verkürzung der Tour: Vom Etang de Fleckenstein entlang der Sauer talabwärts nach Lembach; Gesamtlänge 18 km.
Wegweisung: Durchgängig markiert (weiße Täfelchen mit grünem Rand).
Karte: IGN TOP 100, 1:000000, Blatt 12 Strasbourg/Forbach.

rern teilen, zunächst bergab und fahren anschließend auf einem Waldweg zu der aus dem Tal der Sauer heraufführenden Straße D 525, auf der wir bergauf einen Parkplatz unterhalb der **Burgruine Fleckenstein** erreichen. Einem Schiffsbug ähnelt der schmale, lange Sandsteinfels, auf dem sich im 12. Jh. die Her-

Tipp Ideal für eine Unterbrechung der Radtour ist der Gimbelhof, ein beliebtes Ausflugslokal in Aussichtslage. Im Restaurant werden elsässische Spezialitäten, in der weitläufigen Gartenwirtschaft kalte Vesper wie frischer Ziegenkäse, Kuchen und Getränke serviert (Ruhetag Mo, Di). Kinder finden einige Meter oberhalb am Waldrand einen mittelalterlichen Spielplatz zum Toben.

ren von Fleckenstein niederließen. Aus den steil abfallenden Felswänden wurden Räume, Gänge und Treppen herausgehauen, auf denen man auch heute noch zur Felsenplattform hinaufsteigt, die einen herrlichen Rundblick bietet.
Auf der Zufahrtsstraße zur Burgruine fahren wir durch Wald steil bergab in das Tal der Sauer, halten uns auf der Talstraße (D925) links und fahren bequem talabwärts, vorbei am **Etang du Fleckenstein** mit Badestrand und Kiosk. Wenig später mündet die D925 in die stärker befahrene Straße D3 ein.
Variante: Wer die Tour abkürzen möchte, hält sich hier links und fährt direkt nach Lembach zurück.
Nach rechts steigt die Straße im engen Steinbach-Tal, das auch bei Motorradfahrern und Autotouristen recht beliebt ist, nun stetig leicht an. Wir durchfahren **Niedersteinbach** und **Obersteinbach**, viel besuchte Dörfer aufgrund ihrer landschaftlich reizvollen Lage und der in der Nähe gelegenen Burgruinen (z. B. Ruine Arnsbourg, die oberhalb von Obersteinbach auf einem Sandsteinfelsen thront. In beiden Dörfern gibt es mehrere Möglichkeiten, einzukehren.
Am Ortsende von Obersteinbach biegen wir links ab auf die D53, fahren noch bis zum **Col du Langthal** aufwärts und anschließend im Tal des Schwarzbachs bequem abwärts. Wir passieren die Häuser und Gehöfte des weit auseinander gezogenen Orts **Wineckerthal**, fahren unterhalb der Ruine Windstein an einem einzeln stehenden Hotel mit Restaurant vorbei und folgen dem Schwarzbach im schattigen Tal nach **Jaegerthal,** einem kleinen Weiler, in dem im 17. Jh. die Familie De Dietrich – eine inzwischen geadelte Industriellenfamilie – mit der Wasserkraft des Schwarzbachs begann, eine Schmiede zu betreiben, Keimzelle einer der wichtigsten Fabriken für Eisenbahnzubehör in Frankreich. Am Ortsanfang zeugt noch der aufgestaute Etang de Jaegerthal von dieser Zeit.

Essen und Trinken: In Lembach, Petit Wingen, Gimbelhof, Kiosk am Etang du Fleckenstein (Mai–Sept.), in Niedersteinbach, Obersteinbach, in Wineckerthal, in Windstein, Jaegerthal, Langensoultzbach, im Vallée de la Sauer.
Einkehrtipps: Zwischen Col du Litschhof und Ruine Fleckenstein Hotel-Restaurant Gimbelhof (→ **Tipp**). Im Vallée de la Sauer Hotel-Restaurant Liebfrauenthal mit großer Terrasse (durchgehend geöffnet, Ruhetag Mi, Do). In Lembach renommiertes Restaurant Cheval Blanc in historischem Gebäude.
Unterkunft: In Lembach u.a. Hotel Au Heimbach (Tel. 0388944346); Camping du Fleckenstein-Lembach am Etang du Fleckenstein (Tel. 0388944038).
Sehenswertes: Burgruine Fleckenstein, in Obersteinbach Maison des Châteaux Forts, in Langensoultzbach Musée de Langensoultzbach; Bunher bei Lembach.
Öffnungszeiten: Burgruine Fleckenstein: 15. März–15. Nov. tägl. durchgehend. Maison des Châteaux Forts: 1. März–30. April So 14–17, 1. Mai–30. Juni Sa, So 15–18, 1. Juli–31. Okt. Mi 14–17, Sa, So 15–18 Uhr. Musée de Langensoultzbach, 1. April–31. Okt. So 14.30–17.30 Uhr. Bunkeranlage »Four à chaux«, Führungen 15. März–30. Sept. mehrmals täglich.
Fahrradverleih: In Lembach, 16, Rue de L'est, Tel. 0388944171 (Mountain-Bikes).
Information: Office de Tourisme, Route de Bitche, F-67510 Lembach, Tel. 0388944316, Fax 0388942004, E-Mail info@ot.lembach.com, Internet www.ot.lembach.com

An der Brücke biegen wir links ab auf die D 121 und fahren hoch zum Dorf **Nehwiller**, das jedoch rechts liegen bleibt. Hier halten wir uns links auf einer schmalen Landstraße, fahren noch wenige hundert Meter bergauf, dann bergab nach **Langensoultzbach**, einem lang gestreckten Fachwerkdorf. Wer sich für die römische Vergangenheit des Nord-Elsass interessiert, findet in einem an die Kirche angebauten Raum eine kleine Ausstellung zu den in der Umgebung gefundenen gallo-römischen Stelen.
Im Ort folgen wir an einer Straßengabelung der Radmarkierung in Richtung Woerth nach links hinunter ins **Vallée de la Sauer**, wo wir uns bei der Auberge Aux 7 Chênes rechts halten und kurz darauf auf die D 27 stoßen. Wir überqueren diese vielbefahrene Straße und wenden uns sofort auf einem Radweg nach links. Dieser verläuft parallel zur D 27 auf einer ehemaligen Bahntrasse und führt unmerklich talaufwärts. Auf Höhe von **Liebfrauenthal** entfernt sich der Radweg von der Straße nach rechts, überquert die Sauer und passiert das Hotel-Restaurant Liebfrauenthal. Zunächst rechts, dann links der Sauer gelangen wir zum Ortsanfang von Lembach. Hier mündet der Radweg in die D 27 ein.
Abstecher: Wer sich für Bunkeranlagen aus dem 2. Weltkrieg interessiert, folgt hier der Ausschilderung zum »Musée de la Ligne Maginot« und gelangt nach 1 km zum Eingang des Bunkers »Four à chaux«.
Auf der D 27 erreichen wir wieder die Hauptkreuzung in **Lembach**, wo sich ein Blick in die im 13. Jh. erbaute Kirche lohnt, die zwischen Ende des 17. und Anfang des 20. Jh. als Simultankirche sowohl von Protestanten als auch von Katholiken genutzt wurde, und auf das in der Nähe gelegene alte Waschhaus.

In Jaegerthal wurde bereits im 17. Jh. mit Hilfe des aufgestauten Schwarzbachs eine Schmiede betrieben.

leicht

56 km

↑ 30 m
↓ 30 m

4 Std.

Auf dem Rhein-Radweg

Seltz – Anlegestelle Fähre Plittersdorf – Roeschwoog – Soufflenheim – Sessenheim – Dalhunden – Seltz

Eine bequeme Radtour auf dem Radweg entlang des Rheins, und in Rheinnähe, wo ruhige Fachwerkdörfer liegen, von denen zwei sich einen Namen gemacht haben: Soufflenheim als Töpferort und Sessenheim durch seine Beziehung zu Goethe. Badepausen bieten sich an bei zwei Baggerseen: auf Höhe der Rheinfähre Plittersdorf und hinter Roeschwoog.

Tourenverlauf

Vom Bahnhof in **Seltz** fahren wir geradeaus in der Wohnstraße Rue de la Gare bis zu einer Ampelkreuzung in der Ortsmitte, halten uns dort geradeaus in Richtung Plittersdorf und folgen der D28 ab dem Ortsende auf einem Radweg zur **Ablegestelle der Rheinfähre (Bac) Plittersdorf.**

Abstecher: Von hier sind es nur wenige Meter nach links zum Badeplatz beim Campingplatz Salmengrund.

Rechts beginnt ein Radweg, der Teil der »Veloroute Rhein« ist und auf dem Rheindamm verläuft. Bequem radeln wir bis zu einem scharfen Linksknick des Radwegs. Hier weist die Ausschilderung »Beinheim« nach rechts. Auf einer schmalen Landstraße erreichen wir den Ortsbeginn von **Beinheim** auf Höhe einer Schule, kreuzen nach rechts den Bach Stadenrhein, halten uns sofort links und folgen der Straße Rue du Foyer zur Ortsdurchfahrt.

Mit der Rheinfähre kann man bei Plittersdorf bequem von der deutschen auf die französische Seite des Rheins überwechseln.

Tourencharakter: Bequeme Rundtour im Rheintal; je zur Hälfte auf Landstraßen und asphaltierten Wirtschafts- bzw. Radwegen auf dem Rheindamm; kein nennenswerter Anstieg.
Ausgangs- und Endpunkt: Seltz, nahe des Rheins, auf Höhe der Rheinfähre Plittersdorf.
Anreise: PKW: Auf der N83 nach Soufflenheim; A35, Brumath–Lauterbourg, Ausfahrt 57 (Seltz); Landstraße nach Seltz; Parkmöglichkeit am Bahnhof. Bahn: Station an der Linie Strasbourg–Lauterbourg.
Streckenverlauf: Rheinfähre Plittersdorf 3 km, Beinheim 4,5 km, Roppenheim 2,5 km, Roeschwoog 3,5 km, Rountzenheim 3,5 km, Soufflenheim 3,5 km, Sessenheim 4 km, Dalhunden 3 km, Rhein 2 km, Rheinfähre Plittersdorf 23,5 km, Seltz 3 km.
Wegweisung: Auf dem Rheindamm Markierung des Rheinwegs: gelber Radler auf blauem Grund; ansonsten keine Markierung.
Karte: IGN TOP 100, 1 : 100 000, Blatt 12, Strasbourg/Forbach.

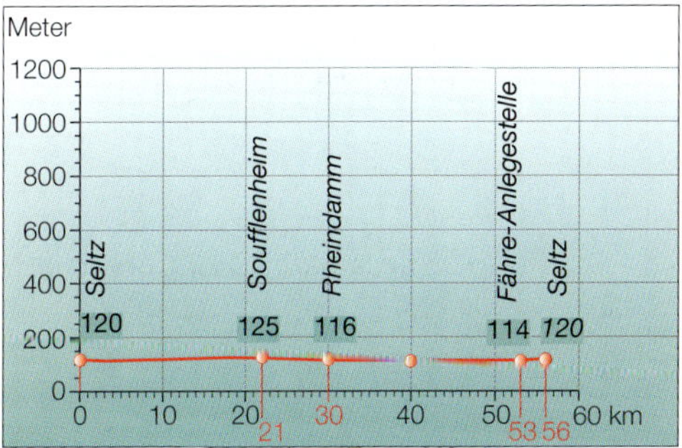

Nach links durchfahren wir den lang gestreckten Ort auf der D468, halten uns dabei an die Ausschilderung in Richtung Strasbourg/Roppenheim und erreichen auf der zeitweise stark befahrenen Landstraße den Ort **Roppenheim** mit seinen Fachwerkhäusern. Wir bleiben weitere 2 km auf der D468 bis in die Ortsmitte von **Roeschwoog**, wo mehrere Lokale, die alle links der Hauptstraße liegen, zu einer Einkehrpause verleiten (→ **Tipp**).

In der Ortsmitte wenden wir uns an einer

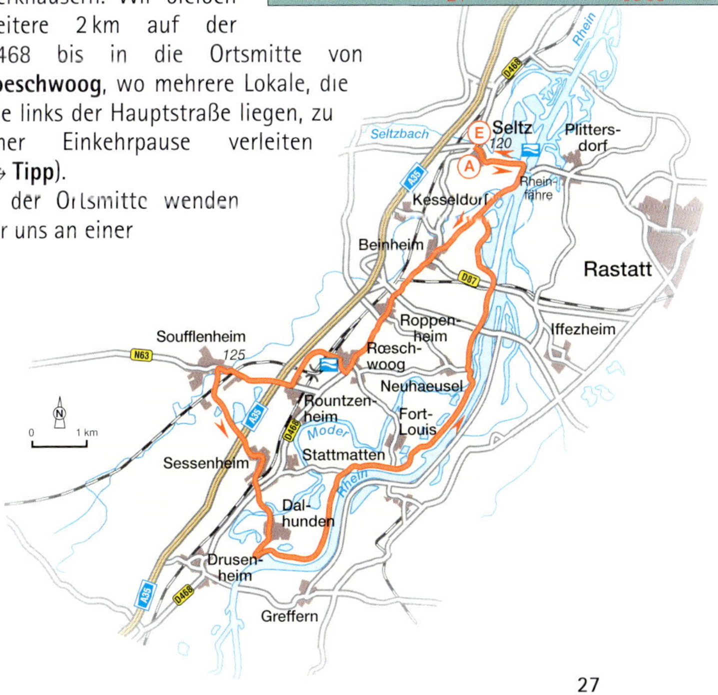

An den Baggerseen in der Rheinebene bietet sich die Möglichkeit zu baden oder Wassersport zu treiben.

Ampelkreuzung nach rechts in Richtung Leutenheim und erreichen auf der ruhigen Rue de la Gare den Bahnhof. Wir überqueren die Bahngleise und folgen der Ausschilderung »Base de loisirs Staedly« nach links zum Ortsrand. Wir passieren einen Badesee mit Campingplatz, Kiosk und kleinem Strand und gelangen nach **Rountzenheim**. Nach rechts fahren wir auf einem schmalen Randstreifen an der ausgebauten, zeitweise stark befahrenen Straße N 63 nach **Soufflenheim**. Die Radstrecke führt nicht bis ins Ortszentrum, sondern schwenkt an einer Ampelkreuzung nach links.

Abstecher: Wer sich Töpfereien ansehen möchte, fährt hier auf einem Radweg neben der Straße geradeaus ins Zentrum von Soufflenheim, wo seit dem 12. Jh. Keramikwaren hergestellt werden: Im 18. Jh. in rund 150 Betrieben, heute noch in etwa zehn Töpfereien. Die Krüge, Guglhopf-Formen, Schüsseln und Teller, die meist gemäß der Tradition bunt bemalt sind, kann man in den dazugehörigen Verkaufsräumen betrachten und auch erwerben.

Zur Weiterfahrt biegen wir an der Ampelkreuzung links ab in Richtung Sessenheim, orientieren uns an zwei Kreisverkehranlagen jeweils an der Ausschilderung »Sessenheim« und erreichen den Ortsbeginn dieses Fachwerkdorfs.

Auf Höhe der Kirche von **Sessenheim** steht links der Straße ein unscheinbares kleines Gebäude, das Mémorial Goethe, mit einer Ausstellung über Johann Wolfgang von Goethe (1749-1832). Dieser verliebte sich während seines Jurastudiums in

Tipp

»Tarte flambée« ist eine elsässische Spezialität: Hauchdünner Brotteig wird mit Sahne bestrichen, mit Speck- und Zwiebelwürfeln belegt und im Holzbackofen in wenigen Minuten knusprig braun gebacken. Auch mit Käse und Pilzen oder als süße Variante mit Zucker und Zimt oder Äpfeln werden diese Kuchen angeboten. In einigen Lokalen an der Strecke wird Flammenkuchen serviert, u. a. in der Auberge du Rhin an der Rheinfähre, in Roeschwoog in den Restaurants Au Cerf (Ruhetag Mi, Do und Sa mittag), Au Lion (Ruhetag Mo, Di), A la Couronne und A la Vigne (Di, Do, Fr ab 18 Uhr, Sa, So, feiertags ab 12 Uhr), alle mit Terrassen; im Restaurant s'Rhinfischel bei Fort-Louis (Do–So 12–14 und 18–24 Uhr).

Strasbourg in die hiesige Pfarrerstochter, Friederike Brion, der er einige seiner Lieder widmete. An diese Episode – Goethe wandte sich später anderen Frauen zu – erinnert sowohl diese Gedenkstätte als auch eine kleine Ausstellung im traditionsreichen Gasthaus »Au Boeuf«, wo ein früherer Wirt Stiche, Bilder und Briefe aus dieser Zeit zusammengetragen hat.

Wo Auto- oder Radfahrer Zugang zum Rhein haben, finden sich immer zahlreiche Schwäne ein.

An der Straßenkreuzung beim Hotel-Restaurant A la Croix d'Or folgen wir nach rechts der Rue de la Mairie (D 737) und halten uns an einem Kreisverkehr geradeaus in Richtung Dalhunden. Auf der D 737 überqueren wir sowohl die D 468 als auch den Fluss Moder und erreichen das ruhige Dorf **Dalhunden**.

Gut markiert ist der Rhein-Radweg, der dem Rhein von Andermatt bis Rotterdam folgt.

Essen und Trinken: In Seltz, bei der Anlegestelle der Rheinfähre Plittersdorf, in Beinheim, zwischen Beinheim und Roppenheim, in Roppenheim, Roeschwoog, Kiosk am Badesee bei Roeschwoog, in Rountzenheim, Soufflenheim, Sessenheim, Dalhunden, bei Fort-Louis, im Jachthafen auf Höhe von Beinheim.
Unterkunft: In Seltz u.a. Hotel A l'Arbre Vert (Tel. 03 88 86 51 15). In der Umgebung von Seltz die Campingplätze: »Les Peupliers« (Tel. 03 88 86 52 37) und »Salmengrund« (Tel. 03 88 05 59 05).
Sehenswertes: In Soufflenheim mehrere Töpfereien. In Sessenheim Goethe-Gedenkstätte und kleine Goethe-Ausstellung im Gasthaus Au Boeuf.
Öffnungszeiten: Goethe-Gedenkstätte ganzjährig geöffnet 9–12 und 14–18 Uhr, Ausstellung im Gasthaus Au Boeuf nur zu Öffnungszeiten des Restaurants (Ruhetag Mo, Di).
Fahrradverleih: Auskunft beim Office de Tourisme.
Information: Office de Tourisme, 2, Avenue du Général Schneider, F-67470 Seltz, Tel. 03 88 05 59 79, Fax 03 88 05 59 77, Internet www.ville-seltz.fr

Rechts: Das »Mémorial Goethe« in Sessenheim

Am Ortsende von Dalhunden fahren wir in einem Rechtsknick der D 737 geradeaus (es gibt keine Ausschilderung) auf einem Sträßchen, das zum Rheindamm führt. Hier stoßen wir dann auf den Rhein-Radweg, der auf den nächsten Kilometern auf einem Sträßchen verläuft, das auch von Anliegern mit dem Auto befahren werden darf.

Wir wenden uns schließlich links in Richtung Beinheim und fahren auf den nächsten 8 km bequem auf ebener Strecke zwischen dem Damm zur Rechten und einem Auwald zur Linken in Richtung Norden. An der nächsten Straßenkreuzung besteht die Möglichkeit, nach rechts einen kurzen Abstecher auf den **Rheindamm** hinauf zu machen, um einen Blick auf den gewaltigen Rhein zu werfen. Nach links sind es nur wenige hundert Meter zum Restaurant s'Rhinfischel mit Garten. Geradeaus führt der gut markierte Radweg weiter entlang dem Rheindamm, überquert die Moder, passiert einen kleinen **Jachthafen**, in dem sich ein für jedermann offenes Club-Restaurant befindet, und gabelt sich kurz danach. An dieser Gabelung folgen wir der Markierung in Richtung Lauterbourg nach rechts, dann fahren wir kurzzeitig auf einem Sträßchen direkt am Rheinufer entlang und entfernen uns wieder vom Rhein. Nach links umfahren wir auf einem Damm einen Baggersee, an dem sich ein großer Industriebetrieb befindet. Hier treffen wir wieder auf die Stelle, an der wir bei Tourbeginn den Rhein-Radweg verlassen haben.

Töpferei in Soufflenheim

Wir bleiben jetzt auf dem Radweg und kehren zurück zur Straße, die zur Anlegestelle der Fähre Plittersdorf führt. Nach links kehren wir zum Bahnhof in Seltz zurück.

MÉMORIAL GOETHE

mittel

49 km

↑250 m ↓250 m

4 Std.

Fachwerkdörfer in der Region Outre-Forêt

Woerth – Merkwiller-Pechelbronn – Kutzenhausen – Hoffen – Betschdorf – Surbourg – Woerth

Zwischen den bewaldeten Nordvogesen und dem Hagenauer Forst liegt die weitgehend waldlose Region Outre-Forêt, eine Hügellandschaft mit Fachwerkdörfern wie Hoffen, Betschdorf und Kutzenhausen. Hier wurde in einem der Gehöfte das Museum »La Maison rurale« eingerichtet.

Tourenverlauf

Vom Parkplatz an der D 27 am südlichen Ortsbeginn von **Woerth** fahren wir auf einem Radweg, der einige Meter rechts der D 27 verläuft, in Richtung Ortszentrum. An der Einmündung in die Grand'Rue endet der Radweg. Hier wenden wir uns nach rechts in die Ortsmitte. Nach rechts fahren wir über die Brücke über das Flüsschen Sauer – links unterhalb der alte Waschplatz – auf das Schloss zu, in dem das Museum zur Schlacht vom 6. Aug. 1870 untergebracht ist. Vor dem Schloss bie-

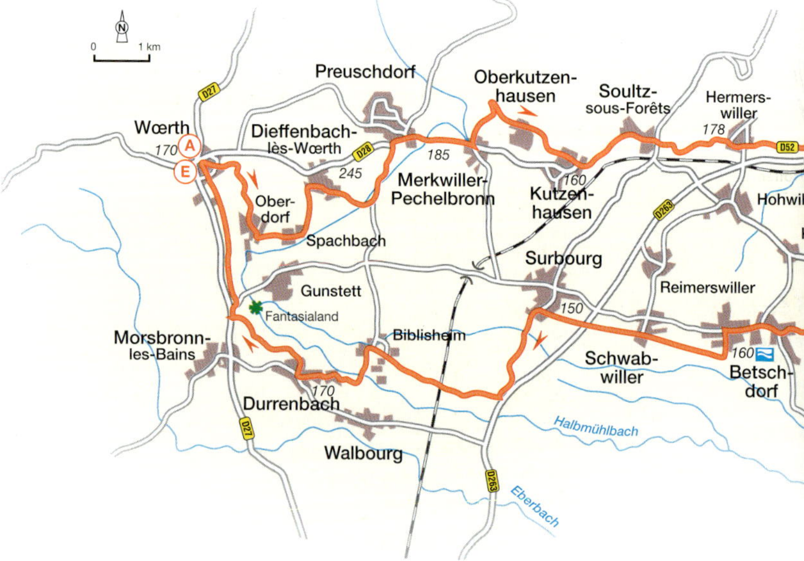

Tourencharakter: Rundtour in leicht hügeliger Landschaft; nur wenige kurze Anstiege; überwiegend auf ruhigen Landstraßen.
Ausgangs- und Endpunkt: Woerth.
Anreise: A4, Strasbourg – Saverne, Ausfahrt 47; A340 nach Haguenau und D27 nach Woerth; Parkplatz am Ortsbeginn bei großem Supermarkt.
Streckenverlauf: Oberdorf-Spachbach 3 km; Merkwiller-Pechelbronn 8 km; Kutzenhausen 3,5 km; Soultz-sous-Forêts 2,5 km; Hoffen 4,5 km; Betschdorf 8,5 km; Surbourg 4 km, Woerth 15 km.
Abstecher: Vom Ortsrand Surbourg zur romanischen Kirche in der Ortsmitte; auf Höhe von Morsbronn-les-Bains zum Vergnügungspark Fantasialand.
Kombination: Mit Tour 5; ab Betschdorf dem Tourverlauf nach Haguenau folgen.
Wegweisung: Nahezu durchgehend markiert:
Karte: IGN TOP 100, 1:000000, Blatt 12 Strasbourg/Forbach.

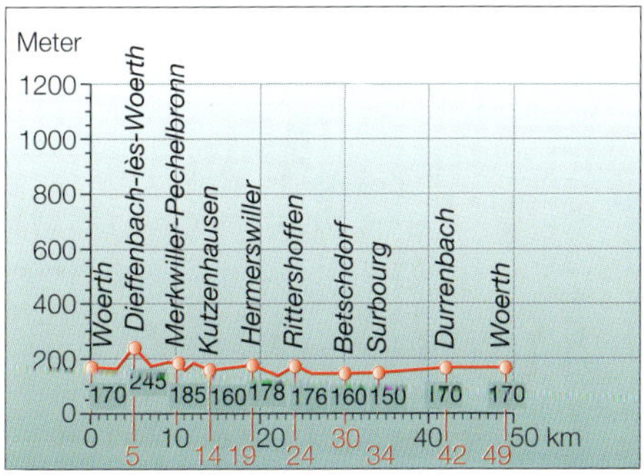

gen wir rechts ab. In der Wohnstraße Rue de Soultz gelangen wir zum Ortsrand, wo wir der Radmarkierung erneut nach rechts folgen.

Auf der D200, die im Tal der Sauer verläuft, erreichen wir **Oberdorf-Spachbach**, steigen im Ort steil an und fahren hinunter nach **Dieffenbach-lès-Woerth**. Wir wenden uns nach rechts in das Dorf und erneut nach rechts in die Rue de Gunstett. Diese Straße mündet in einer Talsenke in ein querlaufendes Sträßchen ein, auf dem wir nach links zur D28 ansteigen.

Nach rechts sind es nur wenige hundert Meter zu einigen Häusern des Ortes **Preuschdorf**, an denen wir auf der D28 vorüberfahren und nach **Merkwiller-Pechelbronn** gelangen, wo bis 1955 nach Erdöl gebohrt wurde. Über die Erdölförderung infor-

Gut erhalten im Dorf Hoffen: Fachwerkhäuser mit Wetterdächlein.

In Kutzenhausen werden die Fachwerkfassaden liebevoll mit Blumen geschmückt.

miert das Musée du Pétrole nahe der Kirche.

An einer Kreuzung biegen wir links ab auf die D314 in Richtung Lobsann, steigen zum Ortsende an und folgen noch vor den letzten Häusern der Radmarkierung nach rechts aus dem Ort hinaus. Auf einem Landsträßchen erreichen wir **Oberkutzenhausen**, folgen der Radmarkierung durch den Ort und rollen sanft bergab nach **Kutzenhausen**. Hier stoßen wir wieder auf die D28.

Nach rechts sind es nur wenige Meter zum interessanten **»Musée Maison Rurale«**, eingerichtet in einem ehemaligen Bauernhof neben der Kirche. Vollkommen restauriert wurden Scheune und Ställe sowie das Wohnhaus mit »großer Stube«, Bettnische, Küche und Keller. Hinter dem Haus wurde ein Gemüse- und Obstgarten sowie ein Hühnerhof angelegt, so dass man einen guten Eindruck bekommt, wie man in der ersten Hälfte des 20. Jh. in der Region »Outre Forêt« lebte.

Die Tour setzen wir auf der D28 fort in Richtung Soultz-sous-Forêts und passieren weitere schöne Fachwerkhäuser mit blühenden Gärten. Recht bequem ist der folgende Streckenabschnitt bis

In Woerth steht an der Sauer noch das alte Waschhaus.

In Kutzenhausen wurde in einem ehemaligen Gehöft aus dem 16. Jh. das Restaurant Auberge de la Ferme du Fleckenstein eingerichtet.

in die einstige freie Stadt **Soultz-sous-Forêts**, wo die Radmarkierung endet. An der zentralen Kreuzung fahren wir geradeaus weiter auf der D 52, auf der wir in sanftem Auf und Ab über **Hermerswiller** und die D 263 hinweg nach **Hoffen** gelangen, einem Dorf mit zahlreichen schönen Fachwerkhäusern. Der Landstraße D 52 folgen wir durch den ruhigen Ort hindurch zum Weiler **Leiterswiller**, wo wir kurz nach der auffälligen Kirche rechts abbiegen in Richtung Rittershoffen.

In **Rittershoffen** kreuzen wir die D 28 und gelangen auf der D 243 nach **Betschdorf**, einem weiteren lang gestreckten Fachwerkdorf, das bekannt ist für seine Töpfereien, in denen seit Jahrhunderten die typischen blaugrauen Krüge, Becher und Kannen hergestellt werden. Vorbei an der Abzweigung zum Töpfereimuseum (Musée de la Poterie), das über die Tradition des Töpferhandwerks informiert, gelangen wir zur zentralen Kreuzung bei der Kirche und halten uns links. Nach ca. 250 m beginnt rechts ein Radweg, der auf einer ehemaligen Bahntrasse ver-

Essen und Trinken: In Woerth, Preuschdorf, Merkwiller-Pechelbronn, Kutzenhausen, Soultz-sous-Forêts, Hermerswiller, Hoffen, Leiterswiller, Rittershoffen, Betschdorf, Surbourg, Durrenbach.
Einkehrtipps: In Kutzenhausen Restaurant Auberge de la Ferme du Fleckenstein in ehemaligem befestigten Gehöft aus dem 16. Jh. mit schönem Hof und gepflegt-rustikalen Räumen, regionale Küche (Ruhetag Mo und Di Mittag); in Betschdorf La Table des Potiers in Fachwerkhaus mit gutbürgerlicher elsässischer Küche zu reellen Preisen, Terrasse (am Ortsbeginn links, Rue de l'Herbe; Ruhetag Mo, Di, Mi).
Sehenswertes: Museum der Schlacht vom 6. Aug. 1870 und Gefallenen-Denkmäler in Woerth; Petroleum-Museum in Merkwiller-Pechelbronn, Freilichtmuseum in Kutzenhausen, romanische Kirche in Surbourg; Freizeitpark Fantasialand.
Öffnungszeiten: In Kutzenhausen Maison rurale de l'Outre Forêt: 1. Feb.–31. März und 2. Nov.–31. Dez. Sa, So 14–18 Uhr, Ostern–31. Okt. Di, Do, Fr, Sa 10–12 und 14–17 Uhr, 1. Juli–31. Aug. auch Mi 10–12 und 14–18, So 14–18 Uhr. Fantasialand: 1. April–31. Aug. tägl. 10–18 Uhr.
Unterkunft: In Woerth Hotel Aux 7 Chênes (außerhalb des Ortes an Straße nach Lembach, Tel. 03 88 09 38 09) und JH (Tel. 03 88 54 03 30).
Information: Point d'Information du Syndicat d'Initiative du Pays de Pechelbronn, 1, place de l'Eglise, F-67250 Kutzenhausen, Tel. 03 88 80 53 00, Fax 03 88 80 63 33, E-Mail maisonrurale@wanadoo.fr

Tipp Im Fantasialand kann man sich u.a. in sich schnell drehenden »fliegenden Elefanten«, in der riesigen Schaukel in Form eines Piratenschiffs, auf dem »Wildwasserfluss« oder im »Drachenzug«, einer Berg- und Talbahn, vergnügen. Außerdem sind vorhanden: Picknickgelände, Imbissstand und Restaurant.

läuft und recht eben zum südlichen Ortsende von **Surbourg** führt, wo er in die D 264 einmündet.
Abstecher: Hier ist ein Abstecher bergauf möglich zur Ortsmitte mit der romanischen Kirche St-Arbogast, einer einstigen Kloster- und Wallfahrtskirche, mit deren Bau um 1035 begonnen wurde.
Nach links setzen wir unsere Fahrt in Richtung Haguenau fort. Kurz vor der Einmündung der Landstraße D 264 in die stark befahrene D 263 halten wir uns geradeaus auf einem Radweg, der wenig später bereits wieder in ein Landsträßchen einmündet. Nach rechts erreichen wir durch Wald das Dorf **Biblisheim**, wenden uns im Ort nach links und gelangen in eine Talsenke.
Der Radmarkierung in Richtung Woerth folgen wir auf der Ortsdurchfahrt durch **Durrenbach**. Am Ortsende stoßen wir auf den Radweg »Parcours Haguenau – Woerth – Lembach«, der parallel zur D 68 durch das Tal der Sauer führt. Auf Höhe von Morsbronn-les-Bains kommen wir an einen Kreisverkehr.
Abstecher: Nach rechts sind es nur 500 m bis zum beliebten Vergnügungspark Fantasialand.
Geradeaus führt der Radweg neben der Straße recht bequem zu unserem Parkplatz am südlichen Ortsende von Woerth zurück.

Info Am 6. August 1870 standen sich nach der Kriegserklärung Frankreichs an Deutschland in der Umgebung von Woerth 38 000 französische und 120 000 deutsche Soldaten des preußischen Kronprinzen Friedrich gegenüber. 10 000 Soldaten kamen um, mehr als 15 000 wurden verletzt, Elsass und Lothringen fielen an Deutschland. An diese Schlacht erinnern in Woerth und Umgebung monumentale Denkmäler einzelner Truppeneinheiten sowie im Château de Woerth (16. Jh.) ein kleines Museum.

Rechts: Region »Outre-Forêt«.

Das Bauernhausmuseum in Kutzenhausen.

leicht

40 km

↑ 40 m
↓ 40 m

2½ Std.

Durch den Hagenauer Forst

Haguenau – Walbourg – Surbourg – Betschdorf – Gros Chêne – Haguenau

Der Hagenauer Forst, ein ausgedehntes Waldgebiet, ist ein beliebtes Naherholungsgebiet.

Tourenverlauf

Vom Bahnhof **Haguenau** fahren wir auf dem Boulevard Nessel nach rechts und an der Ampelkreuzung links in die Grand'Rue zum Place Neubourg. Geradeaus kann man sein Rad durch die Grand'Rue (Fußgängerzone) schieben oder die Altstadt rechts umfahren in der Rue du Maréchal Foch, links am Marché aux Poissons zur Grand'Rue.

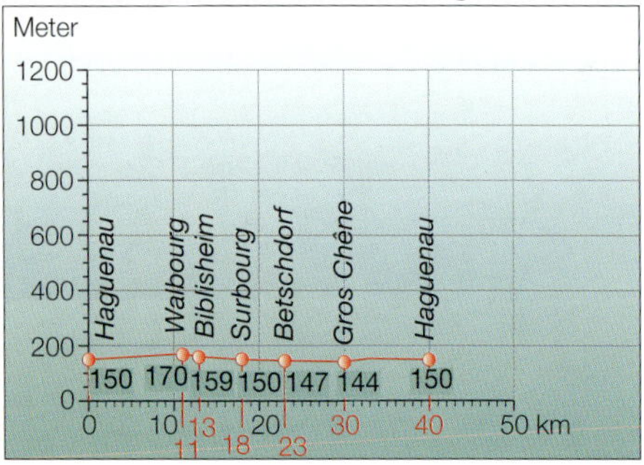

Nach rechts fahren wir zu einem Stadttor. Den Kreisverkehr Rond Point de Landau umrunden wir zu drei Vierteln und folgen der Route de Forstheim zum Stadtrand. Hier biegen wir rechts ab zum Weiler **Hundshof** und folgen einem Radweg durch den Wald zur D 27.

Die Innenstadt von Haguenau

Tourencharakter: Durch den Hagenauer Forst und das flache Sauer-Tal; Radwege und Landsträßchen; familiengeeignet.
Ausgangs- und Endpunkt: Haguenau.
Anreise: PKW: A4, Strasbourg – Saverne, Ausfahrt 47; A340 nach Haguenau; Parkplatz am Bahnhof. Bahn: Station an der Linie Strasbourg – Wissembourg.
Streckenverlauf: Walbourg 11 km; Surbourg 7 km; Betschdorf 4,5 km; Gros Chêne 8 km; Haguenau 10 km.
Kombination: Mit Tour 4.
Wegweisung: Grünweiße Schilder.
Karte: IGN TOP 100, 1 : 100 000, Blatt 12, Strasbourg/Forbach.

Der Radweg folgt der D 27 auf der linken, dann der rechten Seite und entfernt sich nach rechts. Wir folgen der Radmarkierung in Richtung Walbourg, vorbei an zwei Weihern, den **Etangs de Grundel,** zum nördlichen Waldrand und, vorbei an der ehemaligen Klosterkirche, zur Ortsdurchfahrt in **Walbourg**. Geradeaus erreichen wir auf der D 772 **Biblisheim.** Nach rechts in der Rue de l'Eglise und auf

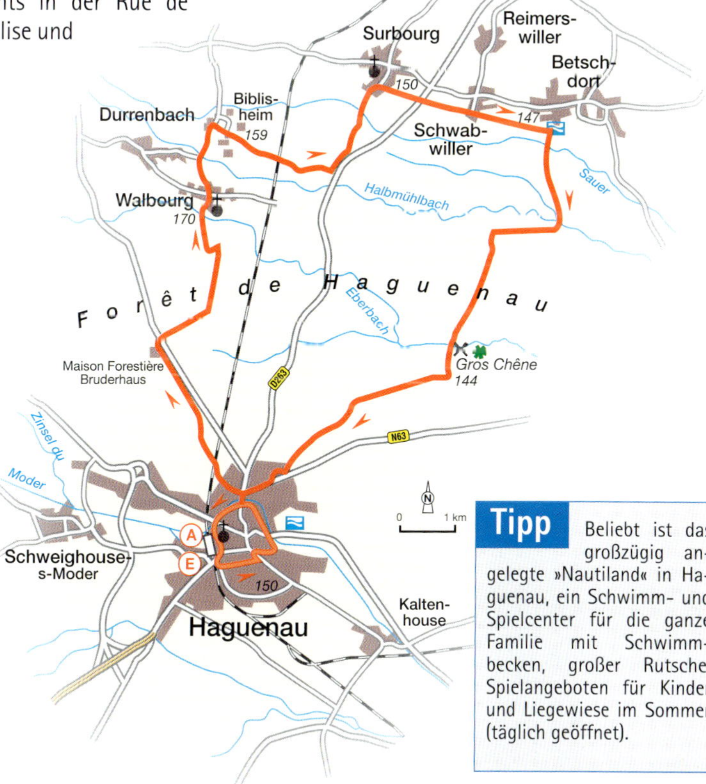

Tipp

Beliebt ist das großzügig angelegte »Nautiland« in Haguenau, ein Schwimm- und Spielcenter für die ganze Familie mit Schwimmbecken, großer Rutsche, Spielangeboten für Kinder und Liegewiese im Sommer (täglich geöffnet).

einem Waldsträßchen zur D 263. Wir wenden uns nach links auf einen Radweg, der kurz darauf einmündet in die D 264, die zum südlichen Ortsrand von **Surbourg** führt. Rechts beginnt ein Radweg, der auf einer einstigen Bahntrasse zum südlichen Ortsrand von **Betschdorf** führt.
Abstecher: Links in den Ort zu Töpfereien und Schwimmbad.
Wir fahren nach rechts und ab Ortsende durch den Wald zur Kreuzung »Carrefour Parade«. Hier folgen wir der Radmarkierung in Richtung Haguenau, vorbei am Ausflugsziel **»Gros Chêne«** mit Spielplatz und Restaurant, zur Kreuzung »Carrefour Perreaud« und nach rechts zum Waldrand. Vor einem Sägewerk nach rechts, am Stadtrand von Hagnenau links und auf der N 63 rechts zum Kreisverkehr Rond Point de Landau. Nach einer Dreiviertelrunde scharf rechts hinunter zu einem Kanal und auf Radweg zum Bahnhof (gare).

Bequem radelt man auf den weitgehend autofreien Forstwegen im Hagenauer Forst.

Rechts: Die Kirche des einstigen Benediktinerklosters in Walbourg

Essen und Trinken: In Haguenau, Walbourg, Surbourg, Betschdorf, Gros Chêne.
Einkehrtipps: Am Ortsrand von Surbourg Restaurant de la Gare (Ruhetag Sa ab 13 Uhr). Im Wald Ausflugslokal Gros Chêne mit Terrasse (Ruhetag Mi).
Unterkunft: In Haguenau u.a. Le Kaiserhof (Tel. 03 88 73 43 43); Campingplatz Les Pins (Tel. 03 88 90 68 75).
Sehenswertes: In Haguenau zwei Museen; romanische Kirche in Walbourg; Töpfereimuseum in Betschdorf.
Fahrradverleih: In Haguenau Fa. Avis, Route de Strasbourg, Tel. 03 88 93 30 30.
Information: Office de Tourisme, Place de la Gare, F-67500 Haguenau, Tel. 03 88 93 70 00, Fax 03 88 93 69 89, E-Mail tourisme@ville-haguenau.fr, Internet www.ville-haguenau.fr

Im Hagenauer Forst erinnert eine Kapelle an den Heiligen Arbogast.

anspr.

64 km

↑ 590 m
↓ 590 m

5 Std.

Hanauer Land und Zinseltal

Ingwiller – La Petite Pierre – Graufthal – Dossenheim-sur-Zinsel – Neuwiller-lès-Saverne – Bouxwiller – Ingwiller

Hanauer Land wird die Region am Fuß der Nordvogesen genannt, eine von Touristen recht wenig besuchte Hügellandschaft mit kleinen Städtchen und gepflegten Dörfern, Wiesen und Weiden. Bekannter ist das reizvoll gelegene Städtchen La Petite Pierre im Naturpark Nordvogesen.

Tourenverlauf

Vom Place du Marché in **Ingwiller** fahren wir auf der Rue du 11 Novembre geradeaus, d.h. in der Richtung, in der wir in den Parkplatz eingefahren sind, zu einem kleinen Kreisverkehr, halten uns dort links, an der nächsten Einmündung wiederum links und folgen der Ausschilderung in Richtung Weinbourg leicht bergauf zum Stadtrand, wo

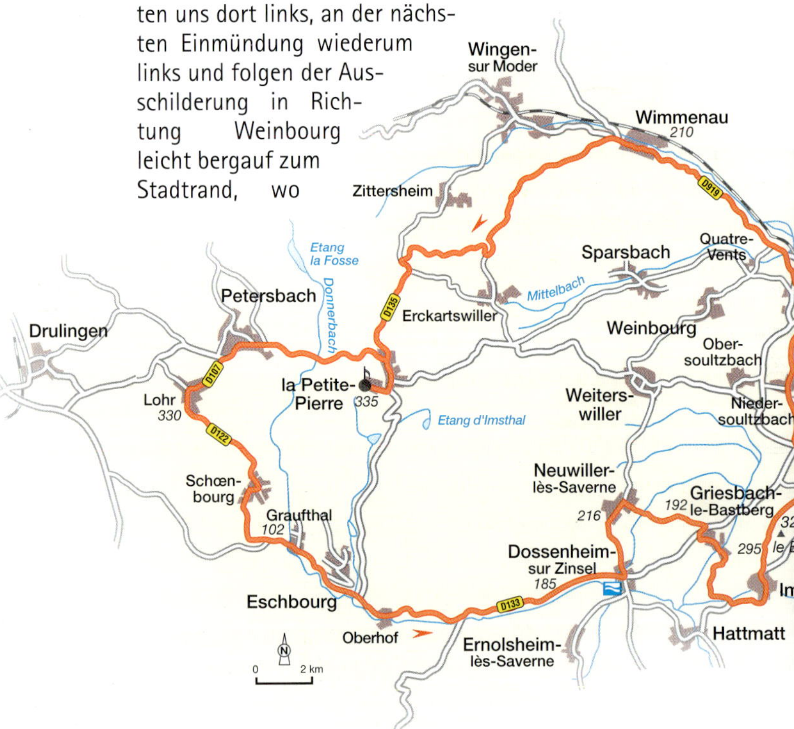

Tourencharakter: Nicht ganz mühelose Rundtour auf kaum befahrenen Forststraßen, dann über einen aussichtsreichen Höhenrücken hinunter ins bewaldete Zinsel-Tal; mehrere, zumeist kurze Anstiege.
Ausgangs- und Endpunkt: Ingwiller.
Anreise: Von Haguenau auf der D919 über Pfaffenhoffen nach Ingwiller; Parkplatz hinter Kirche und Rathaus.
Streckenverlauf: Wimmenau Ortsende 7,5 km; La Petite Pierre 10,5 km; Petersbach 6 km; Lohr 4 km; Graufthal 6 km; Dossenheim-sur-Zinsel 10,5 km; Neuwiller-lès-Saverne 2 km; Imbsheim 7 km; Bouxwiller 3 km; Ingwiller 7,5 km.
Wegweisung: Radmarkierung nur kurzzeitig bei Griesbach-le-Bastberg.
Karte: IGN TOP 100, 1:100000, Blatt 12 Strasbourg/Forbach.

wir sofort nach Überqueren der Bahnschienen rechts abbiegen in Richtung Wimmenau. Nach gut einem Kilometer mündet die Rue Bellevue in die D 919 ein.
Nach links folgen wir dieser Straße, die wenige Meter über der Talsohle des Moder-Tals verläuft, talaufwärts in das Dorf **Wimmenau**. Kurz nach Ortsende verlassen wir auf Höhe eines Fischweihers die D 919 nach links und radeln nun auf der asphaltierten »Route Forestière du Moosthal« zunächst nur sanft, später steiler bergauf zu einer Kreuzung im Wald. Nach rechts biegen wir in die »Route Forestière du Grand Kuehberg« ein und fahren leicht bergauf zur D 135.
Nach links erreichen wir **La Petite Pierre**. In der Rue

Drei Familien lebten in den kleinen Häuschen, die direkt an die überhängende Felswand in Graufthal angebaut worden waren.

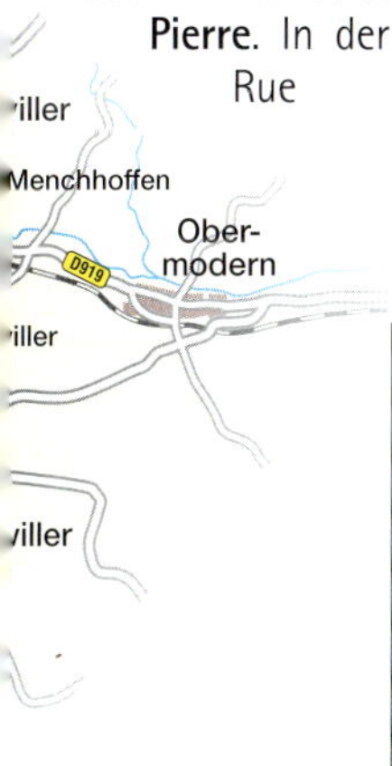

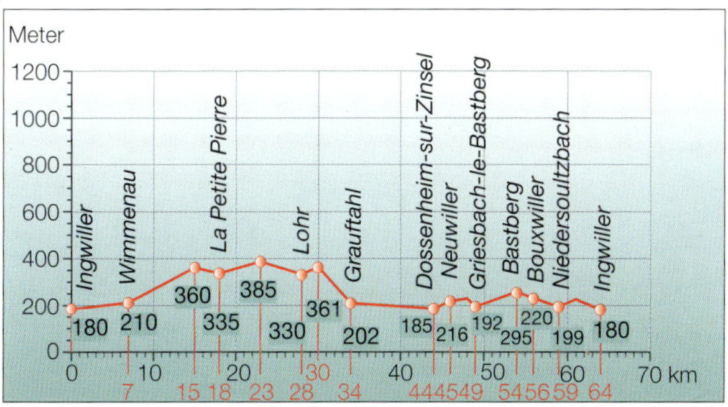

Typisches Fachwerkhaus

Principale wenden wir uns nach links, durchfahren die »Neustadt« und fahren – noch im Ort – nach rechts (Ausschilderung: Maison du Parc) auf kurzzeitig steiler Straße zum »**Staedtel**«, einem befestigten Mini-Städtchen, das auf einem felsigen Bergsporn liegt. Ganz vorn steht an der Stelle einer mittelalterlichen Burg das Schloss. Dorthin gelangt man geradeaus durch die schmale Rue du Château, vorbei an der Chapelle St-Louis, heute elsässisches Siegelmuseum, und an der Kirche Mariae Himmelfahrt, in der die Fresken im Chor sehenswert sind. Im Schloss ist heute die Ausstellung »Abenteuer Nordvogesen« untergebracht, die über den Naturpark Nordvogesen informiert. In der einzigen Parallelstraße zur Rue du Château befindet sich ein Museum für Volkskunde sowie eine große Zisterne, zu der man auf steilen Treppen hinuntersteigt.

Wir fahren auf gleichem Weg in der Rue Principale stadtauswärts. Auf der D9 durchfahren wir das auf einem unbewaldeten Höhenrücken liegende Dorf **Petersbach** und biegen nach ca. zwei Kilometern links ab auf die D 107, die nach **Lohr** hinunterführt. Ab Ortsende radeln wir auf der D122 leicht auf und ab mit schönen Ausblicken auf die bewaldeten Höhenrücken der Nordvogesen und erreichen **Schoenbourg**. Dort beginnt die Abfahrt hinunter nach **Graufthal** im Tal der Zinsel du Sud.

Tipp Ein Sport- sowie ein Planschbecken, eine große Rutsche, Sprudelbäder und Sauna stehen im Freizeitbad Hanautic in Bouxwiller zur Verfügung (Rue de Babenhausen; ganzjährig geöffnet).

Tipp In Uberach (ca. 12 km östlich von Ingwiller) kann man in der Grand'Rue eine Kleinstbrauerei besichtigen und im Verkaufsraum hier hergestelltes Bier erwerben (Führungen Juni–Sept. Do, Fr 10.30 und 16.30 Uhr, Verkaufsraum Mo–Fr 9–19 Uhr).

Am Ortsbeginn liegen linker Hand an einer Felswand Felsenwohnungen (Maisons des Rochers): drei kleine Häuschen, die bis 1958 bewohnt wurden.

Wir fahren im bewaldeten Zinsel-Tal weiter talabwärts, zunächst auf der D 122 zum Weiler Oberhof, dann auf der D 133 nach **Dossenheim-sur-Zinsel**. An der Hauptkreuzung – hier eine etwas erhöht sitzende einstige Wehrkirche – biegen wir links ab auf die D 14 und radeln am Fuß der Nordvogesen durch Wiesen und vorbei an einzelnen Weinbergen nach **Neuwiller-lès-Saverne**. Im Ortszentrum biegen wir rechts ab auf die D 233 in Richtung Griesbach und passieren zwei sehenswerte Kirchen: St-Adelphe zur Linken und Sts-Pierre et Paul zur Rechten.

Die Kirche Sts. Pierre et Paul, mit deren Bau um 720 begonnen und in deren Krypta ab 836 der Reliquienschrein des hl. Adolphus aufbewahrt wurde, wurde zum Ziel zahlreicher Wallfahrer und musste deshalb im 11. Jh. um zwei Stockwerke vergrößert werden. Im 12./13. Jh. wurde gegenüber die Kirche St-Adelphe errichtet, in der die Reliquie aufbewahrt wurde, bis diese Kirche protestantisch wurde.

Nur 326 m hoch ist der Bastberg, der im flachen Umland jedoch von weitem zu sehen ist und einen schönen Ausblick bietet.

Wir verlassen Neuwiller-lès-Saverne – am Ortsende führt ein kurzer **Abstecher** nach links zur Ferme Herrenstein mit Käserei (hin und zurück 500 m) – und gelangen über eine niedere Erhebung hinweg zu einer Straßenkreuzung. Hier folgen wir der Radmarkierung nach rechts, kurz darauf nach links und durchfahren **Griesbach-le-Bastberg** auf der D 59. Diese schmale Landstraße führt rechts um den niederen Bastberg (326 m) herum zu der stärker befahrenen Landstraße D 6.

Hier folgen wir nicht weiter der Radmarkierung, sondern halten uns links und steigen an nach **Imbsheim,** einem kleinen Ort, in dem zahlreiche farbenfohe Fachwerkhäuser auffallen.

Essen und Trinken: In Wimmenau, La Petite Pierre, Petersbach, Lohr, Graufthal, Dossenheim-sur-Zinsel, Neuwiller-lès-Saverne, Imbsheim, Bouxwiller, Ingwiller.
Einkehrtipps: In La Petite Pierre Hôtel des Vosges mit Caveau-Winstub und Terrasse an der Straße (Ruhetag Di). In Graufthal Restaurant Au Vieux Moulin mit Terrasse (durchgehend geöffnet, Ruhetag Di nachmittag). In Imbsheim Restaurant S'Bastberger Stuewel in Fachwerkhaus mit Terrasse, regionale Küche (Ruhetag Mo und Di nachmittags). In Bouxwiller Pâtisserie Isenmann mit kleinem Café und eigener Kaffeerösterei (Di–So durchgehend geöffnet).
Unterkunft: In Ingwiller Hôtel Aux Comtes de Hanau (Tel. 03 88 89 42 27; mit Fahrradverleih und Fahrradabstellraum).
Sehenswertes: In La Petite Pierre befestigte Oberstadt mit Schloss und Museen; in Graufthal Felsenwohnungen; in Neuwiller-lès-Saverne romanische Kirche; in Bouxwiller reizvoller Stadtkern.
Öffnungszeiten: In Graufthal Maisons des Rochers, 1. April–30. Sept. sonn- und feiertags 14–18 Uhr.
Fahrradverleih: Espace Randonnée, 57, rue du Général Philippot, Tel. 03 88 89 26 07.
Information: Fremdenverkehrsamt Hanauer Land, F-67340 Ingwiller, Tel. 03 88 89 23 45, Fax 03 88 89 60 27, E-Mail tourisme@pays-de-hanau.com, Internet www.tourisme.pays-de-hanau.com

Farbenfroh ist in Imbsheim die Fassade des Restaurants »S'Bastberger Stuewel«, das für seine regionale Küche bekannt ist.

Am Ortsende biegen wir am Friedhof links ein auf ein Sträßchen, das sanft hinaufführt zum **Bastberg**, der der Überlieferung zufolge einst ein berüchtigter Hexen-Tanzplatz war. Heute sind Teile des Bastbergs zum Naturreservat erklärt. Wir steigen an zu einem Parkplatz und fahren bequem abwärts zum Ortsrand von **Bouxwiller**, wo wir auf die D 6 stoßen und geradeaus weiterfahren, am Rand der Altstadt entlang.

Befestigt war einst das Dorf Imbsheim, in dem das alte Waschhaus erhalten ist.

Lohnenswert ist ein **Abstecher** nach rechts in die engen Sträßchen der überschaubaren Altstadt mit zahlreichen Fachwerkhäusern.

Wir verlassen Bouxwiller auf der D 6 und steigen in Richtung Weiterswiller an. An einem Kreisverkehr halten wir uns geradeaus auf einem nicht ausgeschilderten Landsträßchen (C 5), das nach **Niedersoultzbach** führt. Auf der D 701 fahren wir geradeaus durch den Ort und weiter zum Ortsbeginn von **Ingwiller**, wo wir uns auf der D 6 rechts halten und die Bahnschienen überqueren. An der Einmündung in die D 919 biegen wir links ab, dann erneut nach links in die am Altstadtrand verlaufende Rue du Fosse, von der wir wiederum nach links zu unserem Parkplatz zurückkehren.

anspr.	
60 km	
↑850 m ↓850 m	
6 Std.	

Von Saverne nach Dabo

Saverne – Burgruine Haut-Barr – Obersteigen – Rocher de Dabo – Dabo – Lutzelbourg – Saverne

Ausgangspunkt der Tour ist das Städtchen Saverne, das am Fuß der Nordvogesen liegt. Direkt am Schloss und am hübschen Altstadtkern vorbei führt der Canal de la Marne au Rhin. Diesem folgt ein Radweg beinahe bis zum Schiffshebewerk von St. Louis-Arzviller, einer der Attraktionen der Region.

Tourenverlauf

Vom Parkplatz zwischen Port de Plaisance und Schloss in **Saverne** wenden wir uns – in Richtung Schloss schauend – nach links zur schmalen Rue Neuve, die ansteigt zur Grand'Rue. Abstecher: Zur Rechten erstreckt sich die Altstadt von Saverne: Sehenswert sind die Fachwerkhäuser, vor allem das prunkvolle Maison Katz in der Grand' Rue (heute

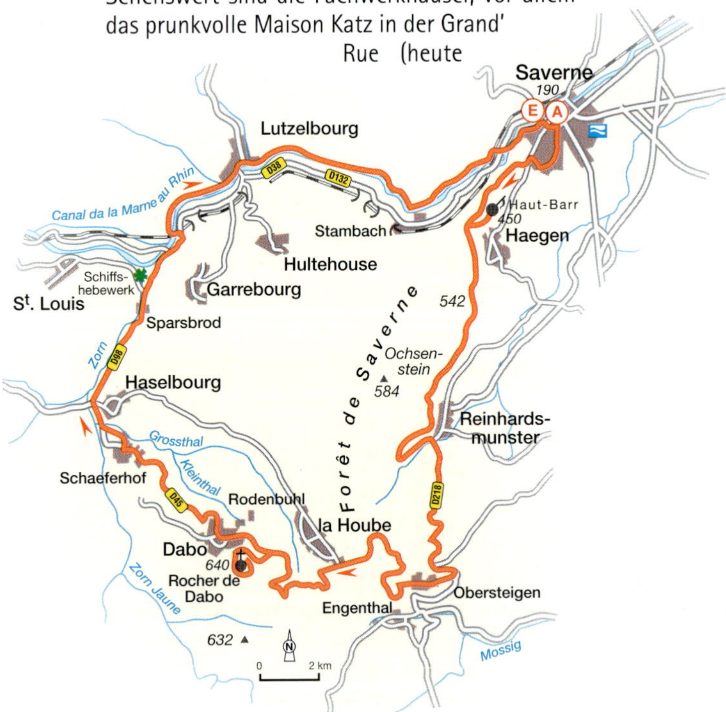

Tourencharakter: Die erste Hälfte der Tour streckenweise steiler Anstieg zumeist durch Wald; ab Dabo abwärts im Zorntal; asphaltierte Forstwege und ruhige Landstraßen, letzter Abschnitt auf Radweg am Canal de la Marne au Rhin.
Ausgangs- und Endpunkt: Saverne.
Anreise: A4, Strasbourg – Saverne, Ausfahrt 45; D6 nach Saverne; an 1. Ampelkreuzung rechts, dann links abbiegen zu »Parking du Parc« unterhalb des Schlosses.
Streckenverlauf: Burgruine Haut-Barr 5,5 km; Obersteigen 13 km; Rocher de Dabo 12 km; Dabo 2,5 km; Abzweigung zum Schiffshebewerk 9,5 km; Lutzelbourg 5,5 km; Saverne 12 km.
Abstecher: Zum Schiffshebewerk.
Wegweisung: Vom Touranfang bis zur Burgruine Haut-Barr und auf letztem Streckenabschnitt entlang des Marne-Rhein-Kanals.
Karte: IGN TOP 100, 1 : 100 000, Blatt 12, Strasbourg/Forbach.

eine Taverne); das Château des Rohan, das Ende des 18. Jh. vom Fürstbischof Rohan erbaut wurde und seiner Größe wegen als »Versailles des Elsass« bezeichnet wird; die Kirche Notre Dame de la Nativité (12. Jh.) mit romanischem Glockenturm sowie gotischem Schiff und Chor.
Auf der Grand'Rue wenden wir uns nach links und gelangen kurz darauf zur stark befahrenen Altstadtumgehung Route de Paris, auf

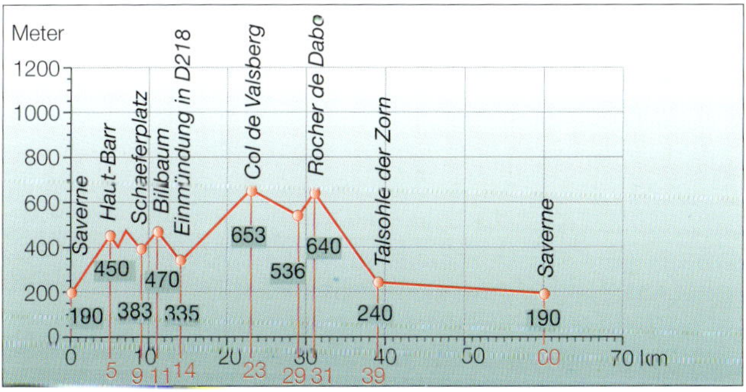

Zur Fußgängerzone erklärt wurde in Saverne die Grand'Rue, in der einige sehenswerte Fachwerkhäuser stehen.

Essen und Trinken: In Saverne, in der Burgruine Haut-Barr, in Obersteigen, Zollstock, am Rocher de Dabo, in Dabo, in Schaeferhof, an der D98 auf Höhe des Schiffshebewerks, in Lutzelbourg.
Einkehrtipps: In Obersteigen Hostellerie Belle Vue mit Terrasse (durchgehend geöffnet); am Rocher de Dabo in Aussichtslage das Restaurant du Rocher mit Terrasse (Ruhetag Mo); in Saverne das Restaurant de la Marne mit Terrasse direkt an der Schleuse (Ruhetag Mo).
Unterkunft: In Saverne u.a. Hôtel Chez Jean (Tel.03 88 91 10 19) und JH (Tel. 03 88 91 14 84).
Sehenswertes: Altstadt von Saverne, Burgruine Haut-Barr, romanische Kapelle in Obersteigen, Aussichtspunkt Dabo mit Kapelle, Schiffshebewerk (plan incliné).
Fahrradverleih: In Saverne Station Cycles, 9, rue du Griffon, Tel. 03 88 02 04 98.
Information: Office de Tourisme, 37, Grand'rue, F-67700 Saverne, Tel. 03 88 91 80 47, Fax 03 88 71 02 90, E-Mail info@ot-saverne.fr, Internet www.ot-saverne.fr

der wir ca. 100 Meter nach rechts fahren. Wir biegen links ab in Richtung Campingplatz und sofort wieder rechts in die Rue Clemenceau, eine steil ansteigende Wohnstraße, die in die Rue du Général Leclerc einmündet. Hier stoßen wir auf eine Radmarkierung, der wir geradeaus folgen zum Stadtrand, dann im Wald bis zu einer Straßenkehre. Wir orientieren uns an der Radmarkierung in Richtung Haut-Barr und fahren nochmals einige hundert Meter weit bergauf zum Parkplatz unterhalb der **Burgruine Haut-Barr**.
Die eindrucksvolle Ruine sitzt auf hohen, senkrecht abfallenden Sandsteinfelsen, die durch einen Steg verbunden sind. Von den Ruinen blickt man weit in die Ebene hinaus. An dieser strategisch günstigen Stelle ließen die Bischöfe von Strasbourg im 12. Jh. die Burg erbauen, die im 16. Jh. erweitert wurde zu einer Festung.
Wir empfehlen, die am Parkplatz aufgestellten Warnschilder vor Autodiebstahl auch für das Fahrrad ernst zu nehmen und entweder

das Rad gut zu sichern und das Gepäck mitzunehmen oder das Rad samt Gepäck in die Burg hochzuschieben.
Wir kehren zurück zu der oben genannten Straßenkehre und halten uns links. Auf der Route Forestière de Saverne au Billbaum, einem schmalen Forststräßchen, steigen wir leicht an und passieren eine Kreuzung von Wanderwegen mit Picknicktisch, genannt Hexentisch (Table des Sorcières). Durch lichten Wald, der immer wieder Ausblicke ermöglicht, gelangen wir zum **Maison Forestière Schaeferplatz**, auf dessen Höhe sich ein großer Rast- und Grillplatz befindet, und fahren geradeaus weiter zu einer Weggabelung namens **Billbaum**.
Wir biegen links ab in Richtung Reinhardsmunster und rollen auf einer Forststraße bequem bergab, bis diese in die D 218 einmündet. Wir orientieren uns nicht weiterhin an der Radmarkierung, sondern steigen auf der D 218 nach rechts in Richtung Wangenbourg an. Mehr als 4 km lang ist der teils steile Anstieg auf dieser wenig befahrenen, durch Wald führenden Landstraße, die in die D 143 einmündet. Nur noch leicht bergauf erreichen wir nach rechts das auf einer Lichtung liegende Dorf **Obersteigen** mit Einkehrmöglichkeit und romanischer Kapelle.

Links: Im kleinen Hafen von Saverne, im Port de Plaisance, liegen vor allem Freizeitboote.

Auf zwei steil aufragenden Felsen wurde im 12. Jh. die Burg Haut-Barr erbaut; heute eine eindrucksvolle Ruine.

Ab Ortsende geht es auf der Landstraße (jetzt D 45) erneut in Kurven bergauf zum **Col du Valsberg**, wo die Abfahrt beginnt bis hinunter zu einer als **Zollstock** bezeichneten Straßengabelung mit Gasthaus. Von hier ist bereits der markante Felsen von Dabo (Rocher de Dabo) zu sehen, zu dem wir nach weiteren 4,5 km bei einem Campingplatz nach links abbiegen.
Wir steigen im Wald gut 2 km an, ehe wir den viel besuchten Aussichtspunkt **Rocher de Dabo** erreichen. Vom Restaurant steigt man auf Treppen hoch zu der kleinen Hochfläche, die einst keltische Kultstätte und im Mittelalter Standort einer Burg war. Heute

befindet sich hier eine Kapelle, deren Turm als Aussichtsturm dient.
Wir kehren zurück zur Abzweigung beim Campingplatz und folgen der D 45 nach links bergab nach **Dabo**, einem auf Touristen eingestellten Ort. Wir bleiben auf der D 45 und gelangen nach **Schaeferhof**, einem lang gezogenen Dorf. In der Ortsmitte, bei einem kleinen Platz mit dem Restaurant »La Montagne Verte«, biegen wir rechts ab in das Sträßchen Rue St-Joseph und fahren sehr steil bergab zur Einmündung in die D 45. Nach rechts passieren wir kurz darauf den Weiler **Neustadtmühle**, in dem eine Glasschleiferei (Cristallerie) besichtigt werden kann.
Auf der Sohle des Zorntals fahren wir bequem geradeaus bis zu einer Straßengabelung.
Abstecher: Nach links gelangt man zum sehenswerten **Schiffs-**

hebewerk (Plan incliné; hin und zurück ca. 1 km). Über eine schiefe Ebene werden auf dem Canal de la Marne au Rhin fahrende Schiffe, heutzutage vorwiegend Freizeitboote, mittels eines überdimensionalen Aufzugs nach oben gezogen und überwinden so einen Höhenunterschied von 44 Höhenmetern binnen weniger Minuten, statt, wie bis zum Bau dieses Hebewerks, mittels 17 Schleusen und einem Tunnel.

Tipp Eine »Winstub« ist ein typisch elsässisches Lokal, in dem in meist farbenfroh ausgestatteten Gasträumen regionale Spezialitäten sowie Elsässer Wein serviert werden. In Saverne finden sich gleich drei bekannte Weinstuben: Taverne Katz und La Carpe d'Or (beide in der Grand'Rue) sowie S'Rosestiebel im Hotel Chez Jean (rue de la Gare).

Auf der Talsohle setzen wir unsere Fahrt talabwärts fort. Nach 2 km biegen wir links ab in Richtung Arzviller, überque-ren den Canal de la Marne au Rhin, biegen sofort wieder links ab und stoßen auf den hier beginnenden Radweg nach Saverne.

Auf der Nordseite des Kanals radeln wir bequem talabwärts nach **Lutzelbourg**, wo wir das Kanalufer kurzzeitig verlassen, indem wir der Radmarkierung in Richtung Saverne nach links durch den kleinen Ort folgen. Ab Ortsende folgen wir wieder dem Kanal, jetzt am Südufer, und erreichen ganz bequem **Saverne**.

Auf Höhe einer Schleuse fahren wir geradeaus über die Grand'Rue hinweg – zur Rechten sowie zur Linken Fußgängerzone mit Geschäften und Einkehrmöglichkeiten –, umrunden das Schloss und kehren zurück zu unserem Parkplatz.

Links oben: Kapelle auf dem Rocher de Dabo

Links unten: Das Städtchen Saverne

Hausboote auf dem Canal de la Marne au Rhin

mittel

52 km

↑ 300 m
↓ 300 m

4 Std.

DAS VALLÉE DE LA BRUCHE

Mutzig – Mollkirch – Grendelbruch – Schirmeck – Urmatt – Mutzig

Von den Weinbergen um Mutzig führt die Tour hinauf auf die Höhe von Grendelbruch und mit Blick auf Vogesenberge wieder zurück ins Vallée de la Bruche.

Tourenverlauf

Vom Rathaus in **Mutzig** fahren wir zurück zum Platz mit Brunnen, biegen rechts ab in die Ortsdurchfahrt und verlassen Mutzig. Auf einem Radweg an der D392, der alten Talstraße, erreichen wir **Dinsheim** im Tal der Bruche. Wir durchfahren den Ort, passieren **Heiligenberg-Vallée** und biegen nach ca. 1 km links ab in Richtung Mollkirch.

Auf der D704 steigen wir im Mageltal an, fahren durch **Mollkirch** und **Laubenheim** hindurch und erreichen auf Höhe des Hotels Fischhutte die Einmündung in die D204.

Wir biegen links ab, überqueren das Flüsschen Magel und wenden uns sofort wieder nach rechts. Auf dem schmalen Fahrweg Chemin de la Fischhutte fahren wir talaufwärts, bis er in die D266 einmündet. Weiter talaufwärts erreichen wir eine Abzweigung und steigen steil an zur Ortsmitte von **Grendelbruch**.

An der Kirche – hier ist ein **Abstecher** (hin und zurück 1,2 km) möglich zur ausgeschilderten Ferme Auberge du Pâtre – wenden wir uns nach links und fahren auf der D204 leicht bergauf zu einem Aussichtspunkt mit Blick auf die Rheinebene. Hier beginnt eine lange Abfahrt, vorbei an **Schwatzbach,** durch **Russ** nach **Ba-rem-**

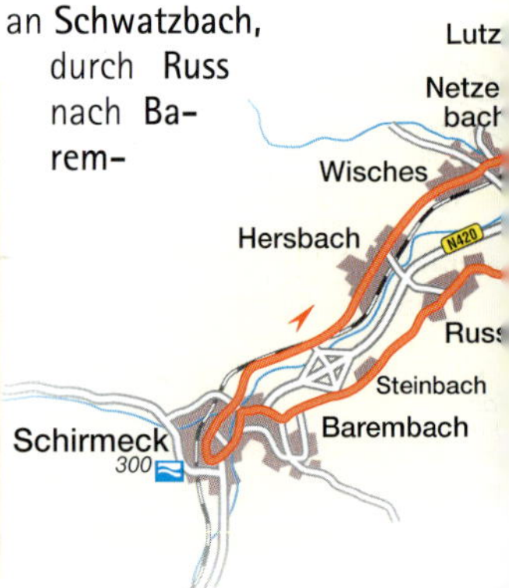

Essen und Trinken: In Mutzig, Dinsheim, Heiligenberg-Vallée, Hôtel Fischhutte, in Grendelbruch, Schwatzbach, Russ, Schirmeck, Wisches, Lutzelhouse, Urmatt.
Einkehrtipps: Restaurant Fischhutte, einzeln gelegen, mit Terrasse (Ruhetag Mo abends und Di); in Grendelbruch Ferme Auberge du Pâtre, Bauernhof oberhalb des Orts, Spezialität: Ziegenkäse, Lamm (geöffnet Sa, So, Juli–Aug. auch Di, Mi, Do zu Mittag).
Unterkunft: In Mutzig u.a. Hostellerie de la Poste (Tel. 03 88 38 38 38).
Sehenswertes: In Mutzig Altstadt und Museum im Rohan-Schloss.
Information: Office de Tourisme Intercommunal, 19, place de l'Hôtel de Ville, F-67125 Molsheim, Tel. 03 88 38 11 61, Fax 03 88 49 80 49.

Tourencharakter: Im Vallée de la Bruche bequem talaufwärts, steiler Anstieg nach Grendelbruch und Abfahrt ins Bruche-Tal, ab Schirmeck talabwärts.
Ausgangs- und Endpunkt: Mutzig.
Anreise: PKW: Von Strasbourg auf A35 und A352, Ausfahrt 10 (Molsheim); über Dorlisheim nach Mutzig; im Ortszentrum rechts zu Parkplatz beim Rathaus. Bahn: Station an der Linie Strasbourg – St-Dié
Streckenverlauf: Heiligenberg-Vallée 5,5 km; Mollkirch 4,5 km; Grendelbruch 9 km; Schirmeck Ortsmitte 10,5 km; Urmatt 10,5 km; Heiligenberg-Vallée 6 km; Mutzig 6 km.
Wegweisung: Keine Radmarkierung.
Karte: IGN TOP 100, 1:100 000, Blatt 12 Strasbourg/Forbach.

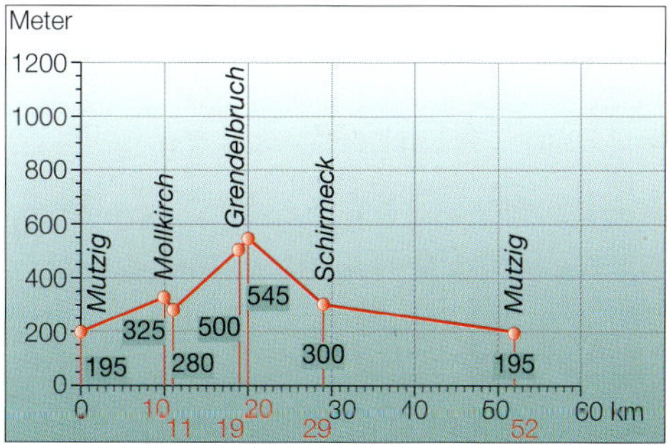

bach auf der Sohle des breiten Vallée de la Bruche. Wir halten uns rechts und stoßen auf die verkehrsreiche Durchgangsstraße N 420, der wir nach links nach **Schirmeck** hinein folgen. In der Ortsmitte biegen wir nach rechts ab in die Avenue de la Gare, wenden uns vor dem Bahnhof nach rechts und stoßen auf die D 392. Dieser Landstraße folgen wir nun bequem talabwärts durch die Orte **Hersbach, Wisches, Lutzelhouse** sowie **Urmatt** und Dinsheim nach Mutzig.

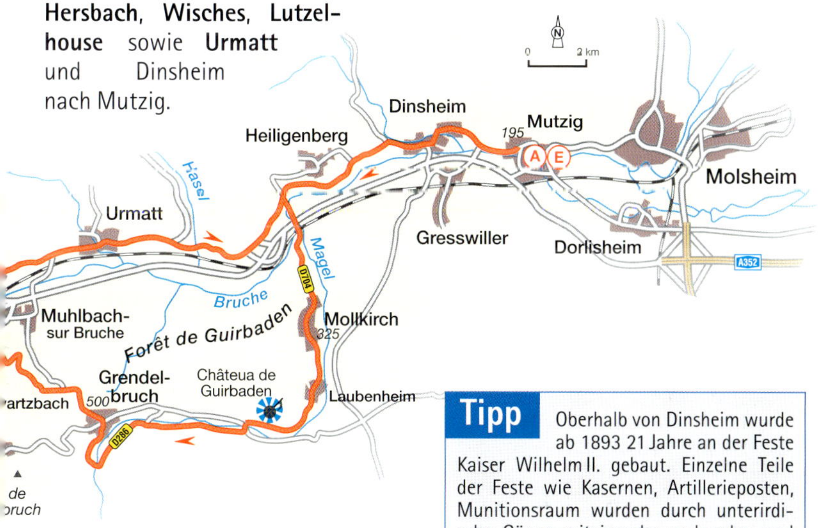

Tipp

Oberhalb von Dinsheim wurde ab 1893 21 Jahre an der Feste Kaiser Wilhelm II. gebaut. Einzelne Teile der Feste wie Kasernen, Artillerieposten, Munitionsraum wurden durch unterirdische Gänge miteinander verbunden und können besichtigt werden (Mai–Sept. So 14–18 Uhr).

leicht

53 km

↑70 m
↓70 m

3½ Std.

Am Canal de la Marne au Rhin

Strasbourg – Vendenheim – Waltenheim-sur-Zorn – Saverne

Von Strasbourg bis Saverne verläuft die Radstrecke entlang Wasserläufen: in Strasbourg am Rand der Altstadt entlang von Hafenbecken, dann entlang des Canal de la Marne au Rhin.

Tourenverlauf

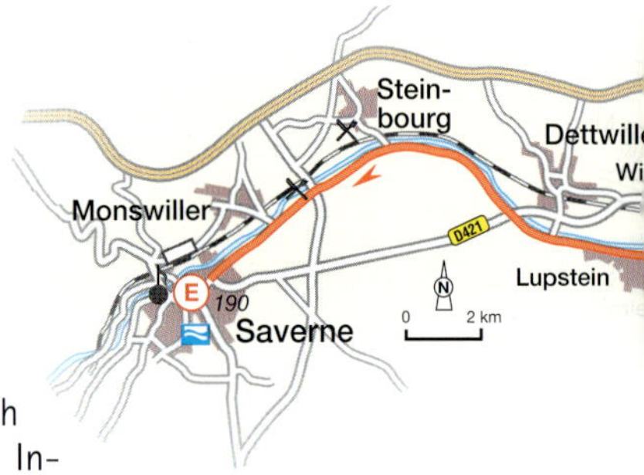

Am Parkplatz Rond Point Mendès France fahren wir – in Richtung der Stadtmitte schauend – nach links und stoßen am Rand des Parkplatzes auf einen Radweg. Wir fahren nach rechts, biegen vor einem Informationsbüro rechts ab, kurz darauf links und überqueren einen Kanal. Auf dem quer laufenden Radweg halten wir uns rechts entlang dem Kanal. Am Zusammenfluss des Kanals mit dem Canal de la Marne au Rhin fahren wir nach links an der **Orangerie** entlang und am Ende der Grünanlage hoch zur Brücke, die wir überqueren. Wir biegen sofort rechts ab und

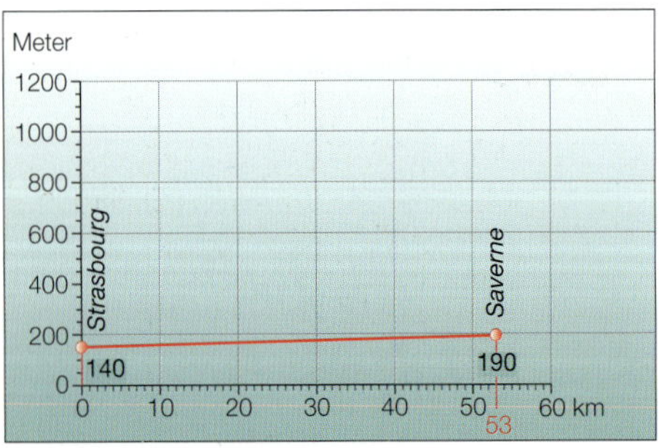

Tourencharakter: Bequeme Streckentour auf asphaltiertem Radweg entlang des Kanals.
Ausgangspunkt: Strasbourg.
Endpunkt: Saverne.
Anreise: Von Europabrücke bei Kehl ca. 2 km zur Place de l'Etoile mit kostenlosem Parkplatz Rond Point Mendès France.
Rückfahrt: Per Bahn Saverne – Strasbourg, Mo–Sa mehrmals täglich, sonn- und feiertags weniger häufig; Fahrtdauer ca. 40 Min.
Kombination: Mit Tour 10.
Streckenverlauf: Stadtrand Strasbourg 6 km, Vendenheim 11 km, Waltenheim-sur-Zorn 11,5 km, Saverne 24,5 km.
Wegweisung: Durchgehend markiert
Karte: IGN TOP 100, 1:100000, Blatt 12 Strasbourg/Forbach.

Essen und Trinken: In Souffelweyersheim, Vendenheim, bei Moulin du Moine, in Waltenheim-sur-Zorn, Gerieth, Saverne.
Einkehrtipps: Bei Moulin du Moine das Restaurant Les Jardins du Canal mit Terrasse (kein Ruhetag); in Waltenheim-sur-Zorn am Kanal das Restaurant A l'Ancre mit Tischen im Freien (Ruhetag Di, Mi).
Unterkunft: In Strasbourg mehrere Hotels; die Jugendherbergen du Rhin (Tel. 0388455429) und René Cassin (Tel. 0388302646); Camping Montagne Verte (Tel. 0388302546). In Saverne → **Tour 7.**
Sehenswertes: Im Hafen von Strasbourg Schifffahrtsmusem Naviscope, in Saverne Altstadt und Schloss mit Museen.
Fahrradverleih: Velocation, u.a. Place d'Austerlitz, Tel. 0388351165 und Bahnhof, Tel. 0388520101.
Information: Office du Tourisme de Strasbourg, 17, place de la Cathédrale, F-67000 Strasbourg, Tel. 0388 522828, Fax 0388522829, E-Mail otsr@strasbourg.com, Internet www.strasbourg.com

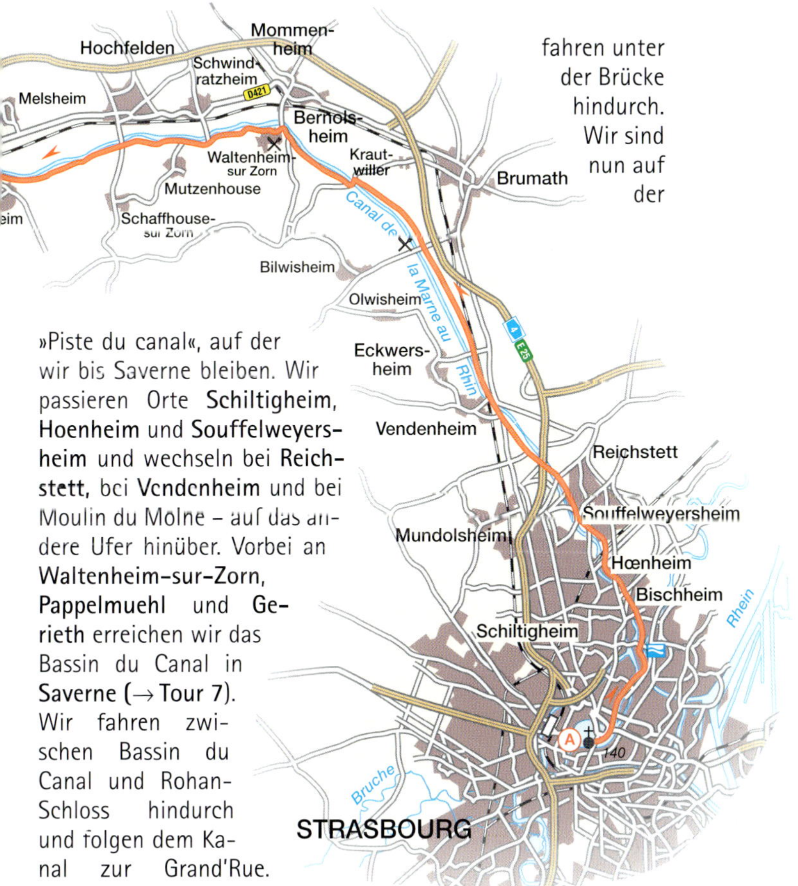

fahren unter der Brücke hindurch. Wir sind nun auf der »Piste du canal«, auf der wir bis Saverne bleiben. Wir passieren Orte **Schiltigheim, Hoenheim** und **Souffelweyersheim** und wechseln bei **Reichstett,** bei **Vendenheim** und bei Moulin du Moine – auf das andere Ufer hinüber. Vorbei an **Waltenheim-sur-Zorn, Pappelmuehl** und **Gerieth** erreichen wir das Bassin du Canal in **Saverne** (→ Tour 7). Wir fahren zwischen Bassin du Canal und Rohan-Schloss hindurch und folgen dem Kanal zur Grand'Rue. Nach links gelangen wir in die Altstadt, nach rechts zum Bahnhof.

mittel

55 km

↑ 240 m ↓ 290 m

4 Std.

Von Saverne nach Strasbourg

Saverne – Marmoutier – Wasselonne – Marlenheim – Avolsheim – Strasbourg

Durch die Hügellandschaft Kochersberger Land führt diese Streckentour, vorbei an Getreidefeldern und Obstwiesen und durch alte Siedlungen wie Marmoutier, Wasselonne und Marlenheim, wo die Weinstraße beginnt.

Rechts: Vom Stadtrand von Saverne blickt man über Viehweiden auf die Burgruinen Haut-Barr und Grand Geroldseck.

Tourenverlauf

In **Saverne** fahren wir vom Parkplatz zwischen Schloss und Bassin du Canal mit Jachthafen auf dem Quai du Canal nach links und entlang des Canal de la Marne au Rhin zur Grand'Rue, wo wir nach rechts den Kanal überqueren. Wir folgen der Radmarkierung nach ca. 20 m nach links, an der nächsten Ampel wiederum nach links und fahren auf der Altstadtumgehung Route de Paris zur nächsten Ampel. Wir biegen rechts ab in die Rue du Général Leclerc, die in einem Wohngebiet steil ansteigt. Die Radmarkierung leitet uns durch Wohnstraßen zum Stadtrand.

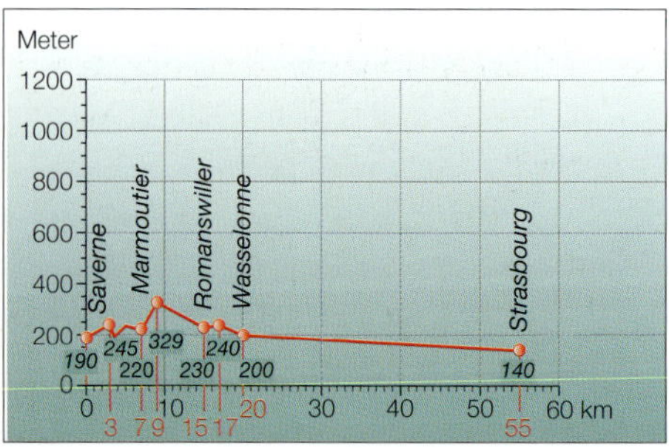

Wir biegen rechts ab auf ein Landsträßchen, von dem wir auf den Höhenrücken mit den Burgruinen Haut-Barr und Grand Geroldseck blicken. Durch Wiesen erreichen wir den Weiler

Tourencharakter: Streckentour; erstes Drittel auf Landsträßchen und Wirtschaftswegen mit mehreren kurzen Anstiegen, ab Wasselonne sehr bequem auf Radweg auf ehemaliger Bahntrasse und entlang des Canal de la Bruche.
Ausgangspunkt: Saverne.
Zielpunkt: Strasbourg.
Anreise: A 4, Strasbourg – Paris, Ausfahrt 45 (Saverne); in Saverne an 1. Ampelkreuzung rechts und gleich links zum »Parking du Parc« unterhalb des Schlosses.
Rückfahrt: Per Bahn Saverne – Strasbourg (⟶ **Tour 9**).
Kombination: Mit Tour 9.
Streckenverlauf: Marmoutier 7 km, Wasselonne 11,5 km, Marlenheim 4,5 km, Avolsheim 9,5 km, Strasbourg Stadtrand 19,5 km, Strasbourg Place de l'Etoile 3 km.
Wegweisung: Zwischen Saverne und Marmoutier weiße Täfelchen mit Radler und Richtungsangabe; von Wasselonne bis Avolsheim blaue Täfelchen; ab Avolsheim europäischer Radweg.
Karte: IGN TOP 100, 1 : 100 000, Blatt 12 Strasbourg/ Forbach.

Gottenhouse und gelangen auf einer schmalen Landstraße über den Weiler **Auenwaldhof** zu einer Kreuzung, an der wir geradeaus weiterfahren nach **Biegen**, einem Ortsteil von Marmoutier.
Hier führt die ausgeschilderte Radstrecke rechts hinauf zu dem erhöht liegenden Dörfchen Sindelsberg mit der Kapelle St. Blaise und mündet wieder in die Ortsdurchfahrt. Wir schlagen vor, gleich auf der Ortsdurchfahrt zu bleiben, die in die D 259 einmündet. Nach rechts erreichen wir das Zentrum

Essen und Trinken: In Saverne, Marmoutier, Salenthal, Romanswiller, Wasselonne, Marlenheim, Kirchheim, Scharrachbergheim, Avolsheim, Ergersheim, Ernolsheim-sur-Bruche, Kolbsheim, Hangenbieten, Achenheim, Wolfisheim, Strasbourg.
Einkehrtipps: In Wasselonne am zentralen Platz Restaurant Au Saumon mit Tischen im Freien, Fischspezialitäten (Ruhetag So abend und Mo); in Marlenheim Hostellerie du Cerf in ehemaliger Poststation mit schönem Hof, gelobte Küche (Ruhetag Di, Mi).
Unterkunft: In Saverne u.a. Hôtel Chez Jean (Tel. 0388911019) und JH (Tel. 0388911484); Campingplatz (Tel. 0388913565).
Sehenswertes: Altstadt von Saverne mit Schloss und Museen; in Marmoutier romanische Kirche mit Krypta und Heimatmuseum; in Avolsheim romanisches Baptisterium; zu Strasbourg → **Tour 11**.
Öffnungszeiten: Kirche in Marmoutier, 9.15–11.30 und 13.30–17 Uhr.
Fahrradverleih: In Saverne Station Cycles, 9, rue du Griffon, Tel. 0388020498.
Information: Office de Tourisme, 37, Grand' Rue, F-67700 Saverne, Tel. 0388918047, Fax 0388710290, E-Mail info@ot-saverne.fr, Internet www.ot-saverne.fr

von **Marmoutier**, einer ruhigen Kleinstadt, die von der mächtigen Kirche St-Martin dominiert wird.
Sehenswert in dieser einstigen Klosterkirche (11.–14. Jh.) sind die romanische Fassade, das gotische Schiff und die Krypta mit einer Ausstellung von Grabbeigaben und Sarkophagen. Um den Kirchplatz gruppieren sich ehemalige Stiftshäuser (17./18. Jh.). In der Hauptstraße wurde in einem der Fachwerkhäuser ein kleines Heimatmuseum eingerichtet.
Wir folgen weiterhin der Durchgangsstraße, der Rue du Général Leclerc, in Richtung Singrist/Wasselonne – jetzt ohne Radmarkierung – und biegen 50 m nach dem Friedhof rechts ab in die Rue Salenthal, eine Wohnstraße, die zum Ortsrand ansteigt. Dort geht sie in einen asphaltierten Wirtschaftsweg über, der am Ortsrand von **Salenthal** an der D 117 endet. Auf der D 817 fahren wir geradeaus in Richtung Romanswiller durch Salenthal, in einem Wiesental leicht bergab nach **Al-**

lenwiller und am Talhang des Baches Sommerau in leichtem Auf und Ab zur Einmündung in die D917. Dieser folgen wir nach rechts und kurz darauf nach links in das Zentrum von **Romanswiller**. Im Ort folgen wir den Ausschilderungen »Toutes Directions« nach rechts, dann nach links und stoßen am Ortsende auf einen Radweg, der entlang der D224 zum Stadtrand von **Wasselonne** führt.

Info Die ausgeschilderte Touristenstraße »Route des Vins« (Elsässische Weinstraße) führt über ca. 150 km Länge von Marlenheim im Norden bis nach Thann im Süden am Fuß der Vogesen-Vorberge durch Weinanbaugebiete und zahlreiche reizvolle Städtchen. Es bieten sich viele Möglichkeiten, direkt bei den Winzern oder in Winzergenossenschaften Wein zu probieren und zu kaufen.

Wir fahren geradeaus durch das Zentrum der gemütlichen Kleinstadt, vorbei an einem großen Platz mit Überresten der einstigen Stadtbefestigung, Fachwerkhäusern und Einkehrmöglichkeiten. Nach einem kurzen Abschnitt bergab wenden wir uns nach rechts und erneut nach rechts in Richtung Westhoffen und biegen am Stadtrand vor dem Friedhof links ab auf einen asphaltierten Fahrweg. Dieser geht in einen markierten Radweg über, der auf der Trasse einer ehemaligen Bahnlinie verläuft und bis Molsheim führt.

Links: Die kleine Ortschaft Wolxheim

Entlang der stark befahrenen Durchgangsstraße N4 radeln wir leicht bergab nach **Marlenheim**, dem nördlichen Endpunkt der elsässischen Weinstraße, an dessen südlichem Ortsrand wir entlang fahren.

Die Radmarkierung führt zur quer laufenden Straße D220, der wir nach rechts auf einem Radweg in den kleinen Ort **Kirchheim** folgen. Am Ortsende treffen wir wieder auf den auf der ehemaligen Bahntrasse verlaufenden Radweg, der an Odratzheim vorbei zum Ortsrand von **Scharrachbergheim** führt. Wir kreuzen die Rue Principale schräg nach links und radeln weiter durch das flache Tal des Flüsschens Mossig, vorbei an Weinbergen und an Soultz-les-Bains, nach **Avolsheim**.

Hier verlassen wir auf Höhe der Kirche diesen Radweg an der Brücke über die Bruche nach links

Die Kapelle St-Ulrich

(keine Radmarkierung), passieren die Kirche und biegen links ab in Richtung »Piste cyclable/stade«. Wer sich für romanische Bauwerke interessiert, wirft einen Blick auf das hinter der Kirche stehende kleine, um das Jahr 1000 erbaute Baptisterium mit achteckigem Turm. Durch verwinkelte Gassen erreichen wir am Ortsrand den Canal de la Bruche, dem wir nach rechts folgen.

Wir passieren auf dem direkt am Kanal verlaufenden Radweg **Wolxheim**, **Ergersheim**, auf dessen Höhe direkt am Kanal sich das Restaurant Au Canal befindet, **Ernolsheim-sur-Bruche**, **Kolbsheim**, **Hangenbieten**, **Oberschaeffolsheim**, **Wolfisheim** und **Eckbolsheim** und erreichen den Stadtrand von **Strasbourg**, wo wir den Kanal auf einer Fußgängerbrücke überqueren.

Auf dem »Europäischen Radweg« fahren wir in Richtung Offenburg zunächst entlang des Kanals, dann durch Grünanlagen entlang der Ill. An einer Radweggabelung halten wir uns rechts in Richtung »Centre Ville« und kreuzen die breite Rue de la Montagne Verte. Nach links ist hier der kürzeste Weg zum Bahnhof (gare) ausgeschildert.

Wer zum Place de l'Etoile mit dem Parkplatz Rond Point de Mendès France zurück möchte, fährt geradeaus, hält sich an der nächsten Gabelung rechts, weiterhin entlang der Ill, und steigt direkt hinter der nächsten Brückenunterführung links hoch – weiter geradeaus erreicht man die Altstadt und den Bahnhof – zur Brücke Pont Louis Pasteur. Nach links radeln wir auf einem Radweg neben der Straße Quai Louis Pasteur zur Place de l'Etoile, wo wir nach rechts den Parkplatz erreichen.

Links oben: Der Radweg führt entlang des Canal de la Bruche nach Saverne.

Links unten: Der Radweg wird für Kinder unter 12 Jahren nicht empfohlen.

Einkehrmöglichkeiten bieten sich am Ende der Tour in der Altstadt von Strasbourg, u. a. im Salon de thé »Chez Suzel« im Viertel Petite France.

leicht

12 km

↑ 10 m
↓ 10 m

1 Std.

Stadtrundfahrt in Strasbourg

Place de l'Etoile – Petite France – Münsterplatz – Europaviertel – Orangerie – Place de l'Etoile

In Strasbourg lassen sich per Rad die wichtigsten Sehenswürdigkeiten mühelos anfahren: Radwege sind ausgeschildert, viele Einbahnstraßen dürfen mit dem Rad in der Gegenrichtung befahren werden, in den Fußgängerzonen ist Radfahren im Schritttempo erlaubt. Um die Altstadt herum führen Radwege entlang der Kanäle und Wasserläufe.

In Strasbourg besteht kein Mangel an Restaurants mit Außenbewirtung.

Tourenverlauf

Am Parkplatz Rond Point Mendès France orientieren wir uns – in Blickrichtung Stadtzentrum – nach links und stoßen am Rand des Parkplatzes auf einen Radweg an der Rue de la 1ère Armée. Wir halten uns rechts, überqueren die Route du Rhin und passieren den Parkplatz am Place de l'Etoile. Nach Überqueren eines Kanals wenden wir uns nach links auf einen Radweg. Der Radausschilderung folgend, queren wir auf Höhe einer Brücke den Quai Fustel de Coulanges und fahren auf einem Radstreifen in der Rue de la Porte de l'Hôpital zum **Stadttor Porte de l'Hôpital**. Nach Durchqueren des Tors halten wir uns auf dem Place de l'Hôpital links und gelangen durch die schmale Rue St. Nicolas zur Ill.

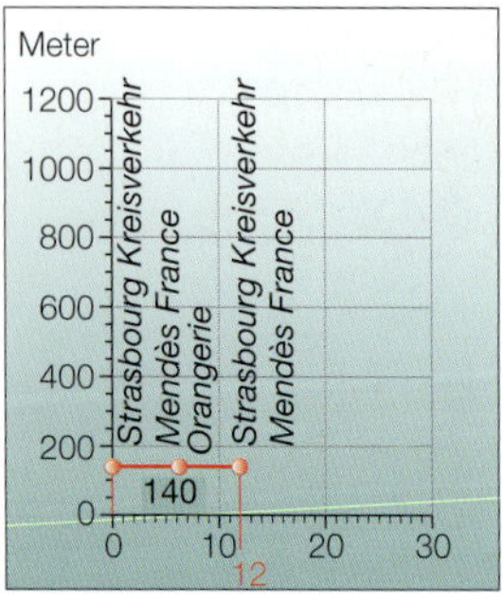

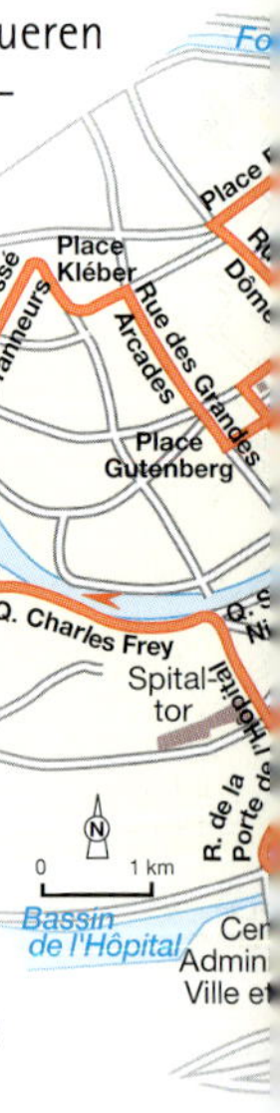

Tourencharakter: Bequeme Rundtour durch die Innenstadt, vorwiegend auf Radwegen, verkehrsberuhigten Straßen und in der Fußgängerzone, die befahren werden darf.
Ausgangs- und Endpunkt: Strasbourg, Parkplatz Rond Point Mendès France am Place de l'Etoile.
Anreise: PKW: Von der Europa-Brücke bei Kehl ca. 2 km zur Place de l'Etoile; im Kreisverkehr Rond Point Mendès France großer, gebührenfreier Parkplatz. **Bahn:** Linie Basel – Strasbourg.
Streckenverlauf: Ponts Couverts 1,9 km; Place Gutenberg 1,3 km; Münster 0,2 km; Orangerie 2,7 km; Parkplatz 5,9 km.
Abstecher: Zum Parc de la Citadelle.
Wegweisung: In der Altstadt gelegentliche Radmarkierungen (grüne Wegweiser und Täfelchen mit Richtungspfeilen sowie blauweiße Radschilder).
Karte: Stadtplan Strasbourg, u.a. vom Verlag Kümmerly + Frey, 1:10800.

Eines der prachtvollen Fachwerkhäuser, das so genannte »Maison des Tanneurs«, im einstigen Gerberviertel von Strasbourg.

Abstecher: Etwa 100 m zur Rechten befindet sich das Musée Alsacien.

Wir fahren nach links auf dem Quai St-Nicolas, der übergeht in den Quai Ch. Frey, den Quai Finkwiller und die Rue Finkwiller. Nach rechts biegen wir ab zu den **Ponts Couverts**. Zur Linken befindet sich die **Barrage Vauban** mit der Terrasse Panoramique (→ **Tipp**), zur Rechten das Viertel **Petite France**.

Wir fahren oder schieben, je nach Anzahl der hier schlendernden Touristen, über die mehrere Arme der Ill überspannenden Brücken und wenden uns auf der ersten Halbinsel, dem Quai du Woerthel, nach rechts. Auf der querlaufenden Rue des Moulins (Fußgängerzone) halten wir uns links. Nach rechts und links bieten sich schöne Blicke auf Wasserläufe und Fachwerkhäuser. An der Einmündung in die Rue du Bain aux Plantes, wo Straßencafés vor Fachwerkhäusern zum Rasten verleiten, halten wir uns rechts, vorbei am wohl bekanntesten Fachwerkhaus, dem Maison des Tanneurs. Auf dem belebten Place Benjamin Zix halten wir uns links und verlassen das Viertel Petite France.

In der Rue du Fossé des Tanneurs kreuzen wir die Grand'Rue (Fußgängerzone) und die Rue du 22 Novembre, wenden uns am Place de l'Homme de Fer nach rechts zum großen **Place Kléber,** auf dem jeweils mittwochs und freitagvormittags ein großer Markt abgehalten wird.

Tipp Von der Terrasse Panoramique auf der Barrage Vauban, einst Teil der Befestigungsanlagen, blickt man auf mehrere Arme der Ill, die durch Brücken überspannt und von drei Wachtürmen flankiert werden (tägl. 9–19 Uhr). Vom 124 m hohen Münsterturm bietet sich ein faszinierender Blick über die Stadt und die Rheinebene (tägl. ab 9 Uhr).

Am östlichen Ende des Place Kléber wenden wir uns nach rechts in die Rue des Grandes Arcades, eine belebte Fußgängerzone mit Geschäften, und erreichen den **Place Gutenberg** mit der Statue von Johannes Gutenberg, dem Erfinder der Buchdruckerkunst. Jeden Dienstag, Mittwoch und Samstag wird hier ein Buchmarkt abgehalten. Kurzzeitig fahren wir geradeaus und biegen dann links ab in die Rue Mercière, die, mit Blick auf die grandiose Westfassade der gotischen Kathedrale (11.-15. Jh.), zum **Place de la Cathédrale** führt. Zur Rechten liegt der Place du Château mit dem **Château des Rohan** (18. Jh.), einst Residenz der Fürstbischöfe von Strasbourg; heute sind hier drei Museen untergebracht. Wer sich das Münster, die astronomische Uhr oder die Museen im Schloss anschauen bzw. den Kirchturm besteigen möchte, findet rechts vom Münster – beim Eingang zur astronomischen Uhr – Radständer, an denen das Fahrrad angekettet werden kann.

Essen und Trinken: In Strasbourg zahlreiche Restaurants, Weinstuben, Cafés; Kioske in der Orangerie und im Parc de la Citadelle.
Einkehrtipps: Im Viertel Petite France Bier-/Winstub Ami Schutz mit schönem Garten; in den engen Sträßchen bei der Kathedrale mehrere Weinstuben, u.a. Hailich Graab (Rue des Orfèvres), eine traditionelle Weinstube mit regionaler Küche, Spezialität: Schinken im Brotteig mit Kartoffelsalat.
Unterkunft: In Strasbourg mehrere Hotels; Jugendherbergen (Auberge de Jeunesse) du Rhin (Tel. 0388455429) und René Cassin (Tel. 0388302646); Camping »Montagne Verte« (Tel. 0388302546).
Sehenswertes: Musée Alsacien, Barrage Vauban mit Panorama-Terrasse, Ponts Couverts, Viertel Petite France, Münster, Château des Rohan mit Museen, Europaviertel, Orangerie, Hafen mit Naviscope, Parc de la Citadelle.
Fahrradverleih: Velocation, u.a. Place d'Austerlitz, Tel. 0388351165 und Bahnhof, Tel. 0388520101.
Information: Office du Tourisme de Strasbourg, 17, place de la Cathédrale, F-67000 Strasbourg, Tel. 0388522828, Fax 0388522829, E-Mail otsr@strasbourg.com, Internet www.strasbourg.com

Die flachen Boote, die Touristen rund um Strasbourg schippern, fahren auch zur Barrage Vauban, einem beliebten Aussichtspunkt.

Links des Münsters fahren wir weiter, passieren das prachtvolle Fachwerkhaus **Maison Kammerzell** und halten uns auf der Rue des Hallebardes, einer schmalen Straße (Fußgängerzone), rechts. An der nächsten Kreuzung biegen wir links ab und erreichen durch die Rue du Dôme den **Place Broglie**, eine breite, platanen-

bestandene Avenue. Nach rechts erreichen wir das stattliche Opernhaus. Auf dem Quai Lezay wenden wir uns nach rechts und überqueren kurz darauf auf einer Fußgängerbrücke (Passerelle des Juifs) einen Kanal. Nur wenige Meter sind es bis zur breiten Avenue de la Marseillaise – gegenüber das Nationaltheater und die Post –, auf der wir nach rechts zur Ill gelangen. Dieser folgen wir nach links, überqueren nahe der Kirche St-Paul das Flüsschen Aar auf der Pont d'Auvergne und fahren auf dem Quai Mullenheim weiter entlang der Ill bis zu einer Fußgängerbrücke (Passerelle Ducrot). Wir überqueren die Ill und fahren geradeaus bis zur breiten Avenue de l'Europe – zur Linken das **Europaviertel** mit Europäischem Parlament und Europäischem Gerichtshof für Menschenrechte.

Die Fassade des Straßburger Münsters

Auf der gegenüberliegenden Straßenseite erstreckt sich die **Orangerie**, eine gepflegte Parkanlage mit Kies- und Asphaltwegen, die per Rad befahren werden dürfen, mit kleinem Zoo und Storchengehege, Spielplätzen, Teich mit Bootsverleih und oberhalb des Teichs gelegener Gaststätte mit Terrasse. Wir durchqueren den Park nach rechts und stoßen am östlichen Rand auf die Rue Fran. Xavier Richter, der wir nach links auf einem Radweg zum Canal de la Marne au Rhin folgen.

Rechts: »Ponts Couverts« (Wehrtürme)

Nach rechts gelangen wir auf einem Radweg zur Einmündung eines weiteren Kanals, des Bassin des Remparts, dem wir folgen, vorbei am **Naviscope**, einem Rhein- und Schifffahrtsmuseum.

Abstecher: Kurz darauf bietet sich ein Abstecher an zu dem auf der anderen Straßenseite gelegenen **Parc de la Citadelle** mit den alten Festungsanlagen (hin und zurück ca. 1 km).

Wir passieren Hafenanlagen und biegen am Place de l'Etoile links ab zu unserem Parkplatz.

Tipp Geld spart man mit dem Strasbourg-Pass, der drei Tage gültig ist und im Touristenbüro verkauft wird. Kostenlos ist damit der Besuch des Münsterturms, eines Museums nach Wahl, eine Schiffsrundfahrt und die Ausleihe eines Fahrrads für einen Tag. Bei vier weiteren Besichtigungen zahlt man nur die Hälfte.

leicht

49 km

↑200 m ↓140 m

3½ Std.

Von Strasbourg nach Barr

Strasbourg – Canal de la Bruche – Avolsheim – Molsheim – Rosheim – Obernai – Barr

Vom Zentrum Strasbourg aus radelt man bequem durch Grünanlagen, dann auf einem markierten, asphaltierten Radweg direkt am gemauerten Ufer des Canal de la Bruche entlang, weshalb der Radweg für Kinder unter 12 Jahren nicht empfohlen wird. Der Kanal-Radweg endet bei Avolsheim, wo die Radstrecke nach Süden schwenkt und parallel zur Weinstraße am Fuß der Vogesen-Vorberge durch reizvolle Städtchen führt.

Tourenverlauf

Am Parkplatz Rond Point Mendès France orientieren wir uns – in Richtung Stadtmitte schauend – nach links und stoßen am Rand des Parkplatzes auf einen Radweg. Wir fahren nach rechts, vorbei am Parkplatz Place de l'Etoile und überqueren einen Kanal. Dem Radweg, der entlang des Kanals verläuft, folgen wir nach links zu bei der Brücke **Pont du Heyritz**. Wir orientieren uns an der Radmarkierung in Richtung Montagne Verte und fahren

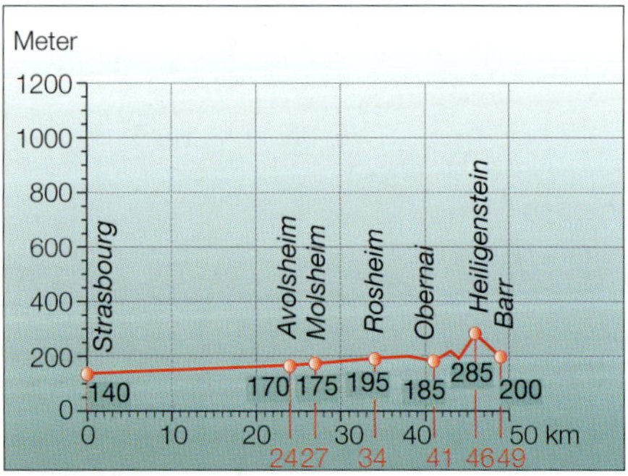

Skulpturen an der Kirche Sts-Pierre et Paul in Rosheim

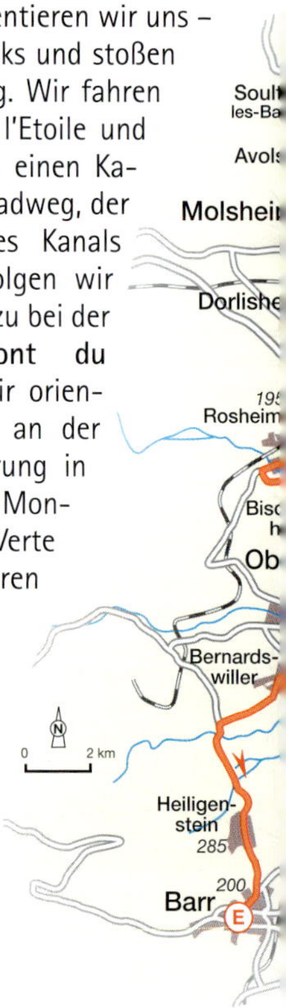

geradeaus über die **Pont Louis Pasteur**. Unmittelbar nach der Brücke biegen wir scharf rechts ab und gelangen auf den Ufer-Radweg entlang der Ill. Diesem folgen wir nach rechts durch Grünanlagen, zunächst parallel zur Ill, dann entlang des **Canal de la Bruche** zum Stadtrand. Hier beginnt an einer Fußgängerbrücke der Kanal-Radweg, der auf die nächsten 20 km am Kanal verläuft und die Orte **Eckbolsheim**, **Achenheim**, **Hangenbieten**, **Ergersheim** und **Wolxheim** passiert. Ca. 1,5 km nach **Wolxheim** folgen wir der Radmarkierung in Richtung Avolsheim nach links, überqueren den Canal de la Bruche sowie das Flüsschen Bruche und fahren in **Avolsheim** auf einem Wohnsträßchen geradeaus entlang der Bruche zur Kirche

Tourencharakter: Markierte Streckentour; aus Strasbourg auf Radwegen bequem entlang des Canal de la Bruche; von Avolsheim nach Molsheim auf ehemaliger Bahntrasse; auf Landstraßen und asphaltierten Wirtschaftswegen mit mehreren kurzen Anstiegen zwischen Obstwiesen und Weinbergen nach Barr.
Ausgangspunkt: Strasbourg.
Endpunkt: Barr.
Anreise: Über Kehl nach Strasbourg; ab Europa-Brücke 2 km zum Place de l'Etoile mit gebührenfreiem Parkplatz im Kreisverkehr Rond Point Mendès France.
Rückfahrt: Zugverbindung Sélestat – Barr – Strasbourg, werktags mehrmals täglich, sonn- und feiertags nur zweimal.
Streckenverlauf: Stadtrand Strasbourg 4 km, Avolsheim, Kanalende 19,5 km, Molsheim 3 km, Rosheim 5,5 km, Obernai 8,5 km, Barr 8,5 km.
Kombination: Die Tour lässt sich mit den Touren 13 und 14 zu einer dreitägigen Rundtour kombinieren.
Wegweisung: In Strasbourg grünweiße Schilder; am Canal de la Bruche durchgehend markiert; auf dem Bahndamm bis Molsheim bunte Täfelchen mit grünem Rand; gelegentliche Radmarkierungen zwischen Molsheim und Barr.
Karte: IGN TOP 100, 1 : 100 000, Blatt 12 Strasbourg/Forbach und IGN TOP 100, 1 : 100 000, Blatt 31 St-Dié/Mulhouse/Bâle.

Im ehemaligen Kartäuserkloster von Molsheim ist heute ein Historisches Museum untergebracht.

und zum kleinen romanischen Baptisterium. Wir halten uns rechts und stoßen nach 100 m auf einen quer laufenden Radweg auf einer ehemaligen Bahntrasse.

Nach links radeln wir bequem in Richtung Molsheim, biegen vor **Molsheim**, kurz nach Überqueren der Bruche, rechts ab auf einen Damm, halten uns wiederum rechts über eine Fußgängerbrücke, und passieren, jetzt im Ort, das Freibad. Wir kreuzen eine Straße und biegen kurz darauf links ab auf einen Radweg an einem Kanal – hier ist geradeaus ein **Abstecher** möglich auf der Rue Charles Mistler in die Altstadt. Am Ende des Radwegs fahren wir auf der Straße weiter geradeaus, wenden uns nach 100 m links in die Rue Ernest Friedrich mit Radweg und unmittelbar nach den Bahngleisen nach rechts und folgen der Radmarkierung in Richtung Obernai nach **Dorlisheim.**

Am Ortsrand biegen wir an einer Kirche links, kurz darauf rechts ab, kreuzen die Ortsdurchfahrt, halten uns rechts und nach ca. 200 m links und verlassen den Ort. Auf einem asphaltierten Fahrweg überqueren wir die N 420 und radeln recht bequem mit Blick auf die niederen Vogesen-Ausläufer mit Weinbergen nach **Rosheim.**

An der Einmündung in die Ortsdurchfahrt wenden wir uns nach rechts und fahren dort, wo die Radmarkierung nach links weist in Richtung Bischoffsheim, geradeaus durch ein Stadttor in die Altstadt. Durch ein weiteres Tor gelangen wir in die ursprüngliche Kernstadt mit der sehenswerten romanischen Kirche Sts-Pierre-et-Paul. Der Ortsdurchfahrt folgen wir bis zum Ende der Altstadt, biegen am Friedhof links ab in die Rue St-Benoit und erneut links in die Wohnstraße Rue des Prunelles, von der sich zwischen den Häusern hindurch ein schöner Blick bietet auf Rosheim.

An der Einmündung in die D 207 stoßen wir wieder auf die Radmarkierung und folgen ihr nach rechts bergauf. Der Radweg verläuft zunächst neben der Straße, schwenkt dann kurz vor dem Ortsrand von

Tipp Das Maison Marco in Barr, eine stattliche, mit Möbeln und Porzellan reich ausgestattete Villa (1760), ist heute ein Museum zur bürgerlichen Wohnkultur des 17.–19. Jh. (1. Juli–1. Okt. tägl. außer Di 10–12 und 14–18 Uhr, Juni, Okt. Dez. Sa, So).

Bischoffsheim nach rechts. Im Ort kreuzen wir die Ortsdurchfahrt und gelangen auf einer schmalen Landstraße zwischen Obstwiesen und einzelnen Weinfeldern recht bequem nach **Obernai** und hinunter zum Rand der Altstadt. Oberhalb der Kirche wenden wir uns nach rechts in Richtung Centre Ville und erreichen den Place du Marché mit Fachwerkhäusern, prachtvollem Rathaus, markantem Kapellturm, mächtigem Kornhaus und hübschem Renaissancebrunnen, einem so genannten Sechs-Eimer-Brunnen.

Nach rechts setzen wir die Fahrt – bis Barr nun ohne Radmarkierung – fort auf der Ortsdurchfahrt, der Rue du Général Gouraud, einer schmalen Einbahnstraße, auf der auch zahlreiche Fußgänger unterwegs sind. Über den Place de l'Etoile, der ebenfalls von schönen Fachwerkhäusern umstanden ist, erreichen wir den Rand der Altstadt. An einer Straßengabelung biegen wir links ab in die D 109, der wir am Stadtrand an einem Kreisverkehr geradeaus folgen. Kurz darauf halten wir uns rechts und fahren durch das Zentrum des ruhigen Weinorts **Bernardswiller.** An der Kirche halten wir uns links bergab, kreuzen die Ortsumgehung und biegen am Ortsende rechts ab zum Campingplatz. Auf einem Landsträßchen mit stellenweise schlechtem Belag steigen wir an zur D35, auf der wir nach links bergab das Winzerdorf **Heiligenstein** erreichen.

Geradeaus durchfahren wir den Ort und radeln ab dem Ortsende auf einem Radstreifen an der D35 bequem hinunter nach **Barr**. Vorbei am Museum Maison Marco erreichen wir den Place de l'Hôtel de Ville im Zentrum.

Essen und Trinken: In Achenheim, Hangenbieten, Ernolsheim-sur-Bruche, Ergersheim, Avolsheim, Molsheim, Rosheim, Bischoffsheim, Obernai, Bernardswiller, Heiligenstein und Barr.
Einkehrtipps: In Rosheim D'Rosenmeer Winstub in der Hostellerie du Rosenmeer, traditionelle Küche zu günstigen Preisen (Ruhetag So, Mo). In Obernai L'Agneau d'Or, typische Weinstube mit farbenfroher Gaststube und regionaler Küche (Ruhetag So abend, Mo). In Heiligenstein Relais du Klevener, Restaurant/Brasserie in Aussichtslage mit Terrasse (Ruhetag Mo, Di mittags).
Unterkunft: In Strasbourg → **Tour 11**. In Barr u.a. Le Brochet (am Marktplatz, Tel. 0388089242), Camping Terrain de l'Association St. Martin (Tel. 0388080045) und Camping St. Odile (Tel. 0388080238).
Sehenswertes: Zu Strasbourg → **Tour 11**. In Avolsheim romanisches Baptisterium; in Molsheim Altstadt mit ehemaligem Kartäuserkloster und Bugatti-Museum; in Rosheim romanische Kirche; Altstadt von Obernai; in Barr das Museum Maison Marco.
Fahrradverleih: In Strasbourg: Velocation, u.a. Place d'Austerlitz, Tel. 0388351165 und Bahnhof, Tel. 0388 520101.
Information: Office du Tourisme de Strasbourg, 17, place de la Cathédrale, F-67000 Strasbourg, Tel. 0388 522828, Fax 0388522829, E-Mail otsr@strasbourg.com, Internet www.strasbourg.com

Von der einstigen Ummauerung von Rosheim, im Mittelalter Freie Reichsstadt, blieben drei Stadttore erhalten.

mittel

58 km

↑ 420 m
↓ 420 m

5 Std.

Von Barr nach Colmar

Barr – Andlau – Dambach-la-Ville – Kintzheim – Bergheim – Ribeauvillé – Riquewihr – Sigolsheim – Colmar

Entlang der Weinstraße reihen sich malerische Winzerdörfer und Kleinststädtchen aneinander, eingebettet zwischen Weinbergen. Einige werden auf dieser Tour, die parallel zur Weinstraße verläuft, durchfahren. Zwischen Châtenois und Bergheim verläuft die Radstrecke knapp 7 km weit bequem in der Ebene auf der Trasse einer einstigen römischen Straße.

Tourenverlauf

Vom Parkplatz C. Karrer am Altstadtrand von Barr wenden wir uns nach links in die Rue de la Kirneck, nach rechts in die Rue des Cigognes zur Place de l'Hôtel de Ville. Dort folgen wir der leicht fallenden Rue des Bouchers, dann der Rue des Boulangers zu einer Ampelkreuzung. Gleich nach Überqueren der Kreuzung halten wir uns an einer Gabelung links und steigen in der Rue St-Marc an zu einer Kreuzung am Stadtrand. Wir fahren geradeaus, obwohl die Radmarkierung nach

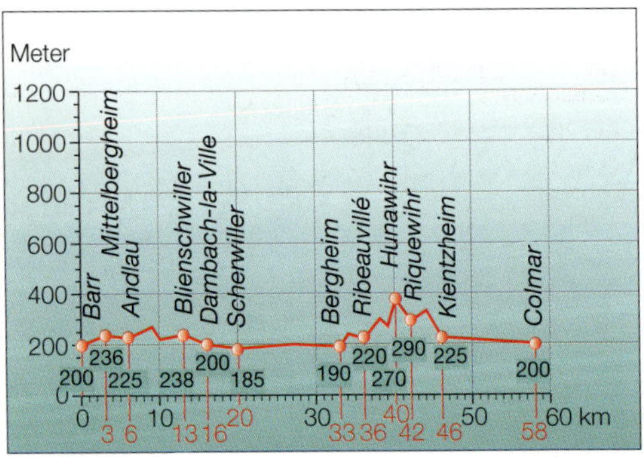

Tourencharakter: Streckentour durch Weinberge, Winzerdörfer und historische Kleinstädte am Fuß der Vogesen. Auf Landstraßen und asphaltierten Wirtschaftswegen; zahlreiche kurze, leichte, aber auch einige steile Anstiege.
Ausgangspunkt: Barr.
Endpunkt: Colmar.
Anreise: A 35, Strasbourg – Colmar, Ausfahrt 12; N 422 nach Gertwiller und D 425 nach Barr; Parkplatz C. Karrer am nordöstlichen Rand der Altstadt.
Rückfahrt: Zugverbindung Sélestat – Barr – Strasbourg, werktags mehrmals täglich, sonn- und feiertags nur zweimal.
Streckenverlauf: Mittelbergheim 3 km, Andlau 3 km, Itterswiller 4 km, Blienschwiller 3,5 km, Dambach-la-Ville 2,5 km, Scherwiller 4,5 km, Châtenois 3 km, Bergheim 8,5 km, Ribeauvillé 4 km, Hunawihr 3,5 km, Riquewihr 2,5 km, Kientzheim 4 km, Sigolsheim 1,5 km, Restaurant Waldeslust 5 km, Colmar Bahnhof 5,5 km.
Abstecher: In Hunawihr zum Storchenpark; von Kientzheim nach Kaysersberg
Kombination: Mit Touren 11 und 12.
Wegweisung: Radmarkierung zwischen Barr und Fechtwald.
Karte: IGN TOP 100, 1:100 000, Blatt 31 St. Dié/Mulhouse/Bâle.

rechts weist, durch Weinfelder nach **Mittelbergheim,** einem reizvollen kleinen Winzerdorf, das sich sein ursprüngliches Aussehen mit engen Gassen, großen Weingütern und malerischen Innenhöfen bewahren konnte.

In der Rue Principale fahren wir rechts auf ansteigender Straße, halten uns an der Kreuzung in der Ortsmitte geradeaus und biegen nach 300 m links ab auf einen ansteigenden Weinbergweg (Radmarkierung: Andlau). Auf einem Hügelrücken mündet der Weg in die **Route des Vins** (D 62) ein, auf der wir bis Dambach-la-Ville bleiben. Nach rechts gelangen wir hinunter in das Städtchen **Andlau.** Die Route des Vins (D 253) führt geradeaus durch den Ort – wer sich die Kirche Abbatiale Ste-Richarde ansehen oder einkehren möchte, macht einen kurzen Abstecher nach rechts, steigt in Richtung Dambach-la-Ville an und mündet in die D 35 ein. Nach rechts

Tipp

Oberhalb von Kintzheim wurde in einer Burgruine eine **Adlerwarte (Volerie des Aigles)** eingerichtet, in der Flugvorführungen großer Greifvögel stattfinden (April–Okt. jeweils nachmittags). Weiter oben am Hang kann man auf dem **Affenberg (Montagne des Singes)** mehr als 200 Berberaffen beobachten, die sich in einem Waldgelände frei bewegen (1. April–31. Okt. tägl.). Östlich von Kintzheim entstand rund um ein **Storchengehege** der Freizeitpark Cygoland (1. April–30. Sept. tägl.).

In mehreren Weingütern entlang der Weinstraße bieten die Winzer ihre Weine zum Verkauf an; auch in Blienschwiller.

und kurz darauf nach links erreichen wir das nur aus einer Häuserzeile bestehende Weindorf **Itterswiller**, das wegen seiner erhöhten Aussichtslage inmitten von Weinbergen viel besucht wird, was sich an der großen Anzahl an Weinstuben, Restaurants und Weinverkaufstellen zeigt.

Im Ort wenden wir uns nach rechts bergab, passieren einen schönen Rastplatz mit Blick auf Itterswiller und folgen der Weinstraße durch die Winzerdörfer **Nothalten** und **Blienschwiller** zum Städtchen **Dambach-la-Ville,** in das wir durch ein Stadttor hineinfahren. Die Altstadt bleibt rechts liegen, doch der hübsche Marktplatz mit Rathaus, Bärenbrunnen, Fachwerkhäusern und Einkehrmöglichkeiten lohnt einen kurzen Abstecher. Durch das untere Stadttor verlassen wir das Städtchen, folgen der Weinstraße nach rechts, passieren **Dieffenthal** und biegen kurz darauf rechts ab auf einen asphaltierten Fahrweg, der auf der Trasse einer römischen Straße schnurgerade nach **Scherwiller** führt.

Auf der Ortsdurchfahrt halten wir uns rechts – das Zentrum des ruhigen Weinorts bleibt links liegen –, biegen kurz darauf links ab und folgen der Radmarkierung in Richtung Châtenois durch Weinfelder zur D35, der Route des Vins. Nach links erreichen wir die Kleinstadt **Châtenois.** Kurz nach dem Ende der Altstadt biegen wir in einem Wohngebiet links ab und folgen der Radmarkierung zum Ortsrand. Hier beginnt ein Radweg, der auf der Trasse einer römischen Straße unterhalb der Weinstraße verläuft. Durch ein Neubaugebiet von **Kintzheim** und am Rand der Weinberge entlang radeln wir bequem nach **Bergheim**, wo der Radweg in die D42 einmündet.

Nach rechts steigen wir leicht an zur malerischen Altstadt mit der weitgehend erhaltenen Stadtbefestigung. Unmittelbar nach der Kirche weist die Radmarkierung nach links. Wir schlagen vor, auf der Grand'Rue geradeaus zu fahren, vorbei an Fachwerkhäusern und Einkehrmöglichkeiten, zum Stadttor Porte Haute und danach links über einen Parkplatz zur Rue des Vignerons, wo wir wieder auf die Radmarkierung stoßen. Dieser folgen wir kurz vor der Durchgangsstraße nach links in Richtung Ribeauvillé zum Ortsrand und erreichen auf einem asphaltierten Fahrweg durch Weinfelder den Stadtrand von **Ribeauvillé**.

Vorbei am Campingplatz, Schwimmbad und einem Schulkompex gelangen wir zur D 106, wo die Radmarkierung endet. Nach rechts in Richtung Centre Ville halten wir uns an zwei Kreisverkehranlagen geradeaus und folgen der verkehrsberuhigten Grand'Rue, die auf mehr als 2 km Länge durch die reizvolle Altstadt führt. Mit Blick auf die oberhalb der Stadt stehenden drei Burgen fahren wir – oder schieben wir, je nach Touristenandrang –

Essen und Trinken: In Mittelbergheim, Andlau, Itterswiller, Nothalten, Blienschwiller, Dambach-la-Ville, Dieffenthal, Scherwiller, Châtenois, Kintzheim, Bergheim, Ribeauvillé, Hunawihr, Riquewihr, Kientzheim, Sigolsheim, im Fechtwald die Restaurants Au Pont de la Fecht und Waldeslust, in Colmar.
Einkehrtipps: In Andlau Relais de la Poste, regionale Küche, schattige Terrasse (durchgehend geöffnet, Ruhetag Mo, Di). In Itterswiller Winstub Arnold, traditionsreiches Lokal mit Terrasse (durchgehend geöffnet, Ruhetag So abends, Mo). In Hunawihr Winstub Suzel, moderne Weinstube mit elsässischer Küche, Terrasse (Ruhetag Mo). In Riquewihr Winstub Le Tire-Bouchon, viel besuchte Weinstube mit Innenhof (kein Ruhetag, durchgehend geöffnet).
Unterkunft: In Barr → **Tour 12**; in Colmar mehrere Hotels, JH (Tel. 03 89 80 57 39); in Colmar Horbourg-Wihr Camping de l'Ill (Tel. 03 89 41 15 94).
Sehenswertes: Reizvolles Dorf Mittelbergheim; in Andlau ehemalige Klosterkirche mit romanischem Figurenfries und Krypta; Stadtbild von Dambach-la-Ville, Bergheim und Ribeauvillé; in Hunawihr ehemalige Wehrkirche; in Riquewihr Stadtbefestigung, Renaissancehäuser und Postmuseum; in Kientzheim Weinmuseum; Colmar → **Tour 21**.
Information: Office de Tourisme, F-67140 Barr, Place de l'Hôtel de Ville, Tel. 03 88 08 66 65, Fax 03 88 08 66 50.

Unüberschaubar sind die Weinberge, die sich vom Fuß der Vogesen bis zur Elsässischen Ebene hinunterziehen.

An eine Legende zur Entstehung des Ortes erinnert der Bärenbrunnen auf dem Marktplatz in Dambach-la-Ville.

vorbei an einladenden Geschäften, an Straßencafés und verzierten Fachwerkhäusern bis zum Haus Nr. 115 – erkennbar an einem eigenartig geschnitzten Eckpfosten –, wo wir die Grand'Rue nach links verlassen. In der Rue de la Fontaine steigen wir an, kreuzen eine Umgehungsstraße – hier treffen wir wieder auf die Radmarkierung – und gelangen zwischen Weinfeldern und mit schönem Blick auf Hunawihr und die Elsässische Ebene zur Rue du Nord in **Hunawihr**.

Abstecher: Wer einkehren, die von einer Wehrmauer (12. Jh.) umgebene Kirche besichtigen oder den Parc des Cigognes (→ **Tour 19**) besuchen möchte, fährt hier nach links bergab (hin und zurück sind es ca. 2,5 km).

Unsere Fahrt setzen wir geradeaus fort, halten uns kurz darauf in der Grand'Rue rechts und folgen der Radmarkierung in Richtung Riquewihr aus dem Ort hinaus. Die wenig befahrene Landstraße steigt knapp 1 km weit steil an zu einer Kreuzung oberhalb von Riquewihr.

Abstecher: Nach links, kurz darauf nach rechts erreicht man einen Aussichtspunkt in den Weinbergen mit herrlichem Blick auf die Altstadt von Riquewihr.

An der Kreuzung wenden wir uns nach rechts und fahren hinunter nach **Riquewihr**. Die Radmarkierung führt rechts um das Städtchen herum, doch wir betreten die Altstadt durch ein Doppeltor in der gut erhaltenen Stadtbefestigung, zu der auch der Wachturm, der Dolder (heute Museum), gehört. Auf der kopfsteingepflasterten Hauptstraße, der Rue du Général de Gaulle, von der schmale, verwinkelte Gassen abgehen, sind meist zahlreiche Touristen unterwegs, weshalb es sich empfiehlt, das Fahrrad zu schieben. Vorbei an mit Erkern und geschnitzten Eckpfosten verzierten Renaissance-Häusern gelangen wir am Ende der Altstadt zum ehemaligen Schloss (heute Postmuseum).

Zurück in der Ortsmitte, biegen wir am Office de Tourisme ab in die Rue de la 1ère Armée und kreuzen die Altstadtumgehung. Wir folgen der Radmarkierung in Richtung Kientzheim auf einem schmalen Sträßchen, das in den Weinbergen in einen Sattel steil ansteigt und sehr steil bergab führt zu dem von einer Stadtmauer umgebenen Städtchen **Kientzheim,** in dem sich eine kurze Besichtigungsfahrt auf der Grand'Rue nach links zu einer Wallfahrtskapelle (Ex Voto-Chapelle) und zum Schwendi-Schloss mit dem elsässischen Weinmuseum lohnt.

Abstecher: Wer sich auch die malerische Altstadt von **Kaysersberg** ansehen möchte, fährt auf der Grand'Rue nach rechts (→ **Tour 19**; hin und zurück ca. 5 km).

Wir setzen unsere Fahrt vor der Stadtmauer nach links fort und fahren an der Stadtmauer entlang, dann durch Weinfelder nach **Sigolsheim,** wo wir an einer Stoppstelle eine Straße kreuzen.

Abstecher: Nach rechts sind es nur gut 100 m zur Place de l'Eglise mit Restaurant, Brunnen und romanischer Kirche Sts-Pierre et Paul mit sehenswertem Westportal.

Geradeaus fahren wir in Richtung Ingersheim, durchradeln Weinfelder und stoßen auf die Route des Vins. Hier biegen wir rechts ab, fahren an einem großen Kreisverkehr geradeaus in Richtung Ingersheim und biegen nach ca. 500 m, kurz nach der Brücke über das Flüsschen Weiss, links ab in Richtung Waldeslust/Ingersheim.

Auf einem schmalen Sträßchen passieren wir zunächst das **Ausflugslokal Au Pont de la Fecht,** dann, im Auwald, das **Restaurant Waldeslust** und fahren geradeaus auf dem Forststräßchen Chemin de la Fecht aus dem Auwald hinaus. Zwischen Weinfeldern erreichen wir am Stadtrand von **Colmar** eine Ampelkreuzung, an der wir uns geradeaus halten in Richtung Stadtzentrum und der verkehrsarmen Rue de Morat entlang der Gleise folgen. Wir biegen nach rechts ab in die Wohnstraße Rue du Weibelambach, nach links in die Rue de la Bagatelle und stoßen auf die verkehrsreiche Route d'Ingersheim. Auf einem Radweg an der Straße fahren wir nach links in Richtung Zentrum, biegen rechts ab in die breite Rue Stanislas – geradeaus gelangt man in die Altstadt (→ **Tour 21**) –, vor dem Place Rapp wiederum nach rechts in die verkehrsreiche Avenue de la République und biegen rechts ab zum Bahnhof.

Von einer Wehrmauer ist die Kirche von Hunawihr umgeben, in die sich im Mittelalter die Bevölkerung bei Gefahr zurückzog.

leicht

95 km

↑95 m
↓95 m

6 Std.

Von Colmar nach Strasbourg

Colmar – Neuf-Brisach – Biesheim – Marckolsheim – Canal du Rhône au Rhin – Strasbourg

Durch flache Landschaft und entlang des Canal du Rhône au Rhin verläuft diese Tour, die die beiden größten Städte des Elsass miteinander verbindet.

Tourenverlauf

Vor dem Bahnhof in **Colmar** kreuzen wir die quer laufende mehrspurige Avenue de la République und fahren geradeaus auf der Avenue Raymond Poincarré, wo wir auf eine Radmarkierung stoßen. Dieser folgen wir weiterhin geradeaus auf den breiten Straßen Avenue Georges Clemenceau und Avenue de Fribourg zu einer Kreuzung. Hier halten wir uns erneut geradeaus, obwohl die Radmarkierung nach rechts weist, und biegen nach ca. 100 m rechts ein in die ruhige Wohnstraße Kleiner Semmpfad. Diese

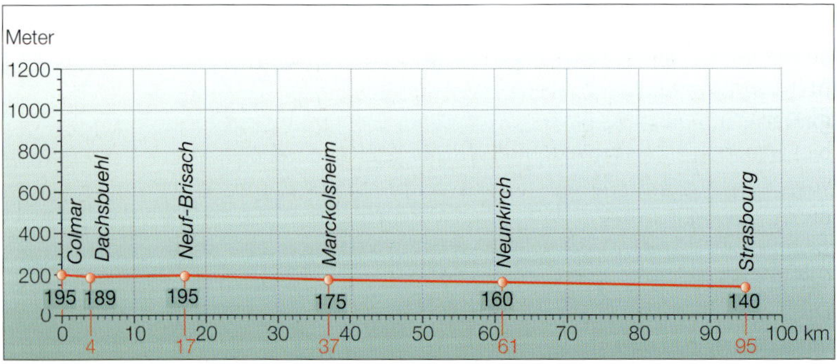

Tourencharakter: Einfache Streckentour in der Elsässischen Ebene; überwiegend auf ruhigen Landstraßen; letztes Drittel der Strecke entlang des Canal du Rhône au Rhin; keine nennenswerten Anstiege.
Ausgangspunkt: Colmar.
Endpunkt: Strasbourg.
Anreise: A35, Strasbourg – Mulhouse, Ausfahrt 25; auf der D 13 (Rue de la Semm), ab Ampelkreuzung auf der Avenue Georges Clemenceau zum Bahnhof .
Rückfahrt: Bahnlinie Basel – Colmar – Strasbourg, Verbindungen mehrmals täglich; Radtransport; Auskunft: Tel. 0836353535, Internet: www.sncf.fr

Streckenverlauf: Neuf-Brisach 17,5 km, Marckolsheim 19,5 km, Wittisheim 16 km, Canal du Rhône au Rhin 9,5 km, Strasbourg 32,5 km.
Abstecher: Zur Kapelle Mauchen; in Wittisheim zu einem Baggersee; in Eschau zur romanischen Kirche.
Kombination: Mit Touren 12 und 13.
Wegweisung: Radmarkierung in Colmar; von Sundhoffen bis Biesheim blaue Schilder mit weißem Radler; ab Marckolsheim blaues Schild mit gelbem Radler; in Strasbourg grünweiße Schilder.
Karte: IGN TOP 100, 1 : 100 000, Blatt 12 Strasbourg/Forbach und Blatt 31 St-Dié/Mulhouse/Bâle.

geht über in den Chemin de la Silberrunz und den Niklausbrunn Pfad, von dem wir links abbiegen in die wiederum Chemin de la Silberrunz benannte Straße, auf der wir das Wohngebiet verlassen. An einer Kreuzung fahren wir geradeaus, überqueren die Autobahn und erreichen die Ausflugsgaststätte **Auberge du Dachsbuhl**. Wir halten uns links, kreuzen einen Wasserlauf – zur Rechten ein weiteres Restaurant – und fahren schnurgerade durch Wald, über die **Kreuzung »Le Neuland«** mit großem Rastplatz, zum Waldrand. Nach rechts biegen wir in die D 13 ein und erreichen auf der ruhigen Landstraße **Sundhoffen**, wo wir auf eine Radmarkierung in Richtung Neuf-Brisach stoßen. Dieser folgen wir, zeitweise auf einem Radweg neben der D 13, durch das ruhige Dorf **Appenwihr** nach **Wolfgantzen**. In einem Wohngebiet trennt sich der Radweg von der Straße und führt direkt nach **Neuf-Brisach**, wo er kurz vor Ortsbeginn in die D 29 einmündet.

Rechts: Auf Höhe von Boofzheim befindet sich ein kleiner Jachthafen am Canal du Rhône au Rhin.

Durch die imposanten Festungsmauern und das Tor Porte de Colmar fahren wir in das Städtchen ein, das im 17. Jh. als Festung mit achteckigem Grundriss, dreifachen Festungsmauern, acht Bollwerken und vier Stadttoren angelegt wurde. Die gesamte Fläche wurde durch schnurgerade Straßen, die sich im rechten Winkel kreuzen, unterteilt in 48 gleich große Wohnviertel, die sich um den zentralen Platz (Place d' Armes), den früheren Paradeplatz, gruppieren. Diesen Platz umrunden wir zu drei Vierteln nach rechts, biegen an der Kirche rechts ab und folgen der Radmarkierung in Richtung Volgelsheim durch ein Stadttor aus der Stadt hinaus.

An einem Kreisverkehr fahren wir geradeaus auf der D 29 und biegen nach ca. 500 m links ab auf einen markierten Radweg, der nach **Biesheim** führt. Im Ort leitet uns die Radmarkierung zu einer Stoppstelle, an der wir rechts in die Ortsdurchfahrt (D 12) einbiegen.

Im einstigen Stadttor Porte de Belfort in Neuf-Brisach ist heute das Musée Vauban untergebracht.

Wir passieren das zur Rechten gelegene Ortszentrum mit dem modernen Gebäudekomplex »Le Capitole«, in dem zwei Museen untergebracht sind: das Gallo-römische Museum und das »Musée de l'instrumentation optique« mit einer Sammlung optischer Geräte.

An einer Ampelkreuzung wenden wir uns nach links in ein Wohngebiet, biegen rechts ab und stoßen auf einen Kreisverkehr. Geradeaus führt uns ein asphaltierter Fahrweg an einem ummauerten jüdischen Friedhof vorbei zu einer Fußgängerbrücke über den Canal de Colmar. Der für den öffentlichen Verkehr gesperrte Fahrweg mündet am Ortsbeginn von Kunheim in die D 468 ein. Auf dieser Landstraße fahren wir nach rechts durch **Kunheim** und passieren **Artzenheim**.

Abstecher: Nach ca. 2 km bietet sich ein Abstecher an zur Kapelle Mauchen (hin und zurück ca. 1 km), die zusammen mit dem daneben stehenden Forsthaus Mauchen der letzte Überrest eines im 15. Jh. verschwundenen Dorfes ist. Auf der D 468 erreichen wir **Marckolsheim**, einen lang gestreckten, blumengeschmückten Ort mit verkehrsberuhigter Durchgangsstraße. Wer einkehren möchte, sollte dies hier tun, denn es dauert nun lange, bis sich wieder eine Gelegenheit dazu bietet. Am Ortsende wenden wir uns an einem Kreisverkehr nach links auf die D 424, eine stark befahrene Durchgangsstraße. Hier treffen wir auf die Radmarkierung des Europäischen Radwanderwegs, der wir nun bis nach Strasbourg folgen.

Auf Höhe von Heidolsheim verlassen wir die D 468 nach rechts und durchfahren,

Essen und Trinken: In Colmar, Auberge du Dachsbuhl, in Sundhoffen, Wolfgantzen, Neuf-Brisach, Biesheim, Kunheim, Artzenheim, Marckolsheim, Wittisheim, Neunkirch, am Kanal Restaurant A l'Ancre; in Eschau, Strasbourg.
Einkehrtipps: Am Canal du Rhône au Rhin auf Höhe von Gerstheim das Restaurant A l'Ancre mit großer Gartenwirtschaft, elsässische Küche (kein Ruhetag).
Unterkunft: In Colmar mehrere Hotels; Auberge de Jeunesse (JH) Mittelharth (Tel. 03 89 80 76 16); Camping de l'Ill im Ortsteil Horbourg-Wihr (Tel. 03 89 41 15 94).
Sehenswertes: In Colmar → **Tour 21**; in Neuf-Brisach ehemalige Festungsanlagen und Musée Vauban; in Biesheim Gallo-römisches Museum und Museum für optische Instrumente; zu Strasbourg → **Tour 11**.
Information: Office de Tourisme, 4, Rue des Unterlinden, F-68000 Colmar, Tel. 03 89 20 68 92, Fax 03 89 20 69 14, E-Mail info@ot-colmar.fr, Internet www.ot-colmar.fr

Bequem radelt man entlang des Canal du Rhône au Rhin bis nach Strasbourg hinein.

der Radmarkierung folgend, die ruhigen Dörfer **Hessenheim** und **Schwobsheim** und erreichen **Wittisheim**.

Abstecher: Wer sich Abkühlung verschaffen möchte, biegt im Ort links ab in Richtung Muttersholtz auf die D21, die zu einem Baggersee am Ortsrand führt (hin und zurück ca. 3 km).

Die Radmarkierung führt uns durch **Bindernheim** und **Witternheim** nach **Neunkirch**, einem kleinen Ort mit Kloster und Wallfahrtskirche sowie zwei Restaurants. Kurz darauf kreuzen wir den **Canal du Rhône au Rhin** und biegen links auf den Kanalweg ein, dem wir auf den nächsten 32 km bequem bis nach Strasbourg folgen. Auf Höhe von Boofzheim passieren wir einen kleinen Jachthafen und auf Höhe von Gerstheim bietet sich direkt am Kanal die Möglichkeit, im Restaurant A l'Ancre einzukehren. Ein weiterer Halt bietet sich an in **Eschau,** wo man den Kanalweg kurz verlassen kann, um sich die romanische Kirche St-Trophime anzusehen.

Tipp Jeden Tag geöffnet ist das Centre Nautique in Erstein, ein Hallenbad mit großem Schwimmbecken, 52 m langer Rutsche, einem Kinder- und einem Babybecken, Whirlpool und Sauna.

In **Strasbourg** folgen wir der Ausschilderung in das Stadtzentrum (Centre Ville), passieren kurz vor der Altstadt einen kleinen Bootshafen und gelangen auf Höhe des Zusammenflusses von Ill und Canal du Rhône au Rhin zur **Pont du Heyritz**. Wir fahren unter der Brücke durch und sofort scharf nach rechts auf die Brücke hinauf. Wer zum Parkplatz an der Place de l'Etoile fahren möchte, hält sich hier rechts und folgt einem Kanal zur **Place de l'Etoile**. Wer in die Altstadt oder zum Bahnhof möchte, überquert an der Ampel die Straße und folgt einem Radweg in Richtung Petite France geradeaus hinunter zur Ill und dieser bis zu den **Ponts Couverts**, die die Ill überbrücken. Zur Rechten liegt das malerische Viertel **Petite France**. Geradeaus bis zur Brücke M. Kuss, nach links über die Ill und in der Rue du M. Kuss zum **Bahnhof.**

Ziel von Wallfahrern: die einstige Klosterkirche in Neunkirch.

anspr.

30 km

↑710 m
↓710 m

3 Std.

Zum Mont Ste-Odile

Barr – Auberge du Hungerplatz – Mont Ste-Odile – Auberge du Moenkalb – Heiligenstein – Barr

Der Mont Ste-Odile, auf dem sich in einem renovierten Kloster das Grab der hl. Odilie, der Nationalheiligen des Elsass, befindet, ist wegen des herrlichen Ausblicks ein beliebtes Touristenziel.

Tourenverlauf

Vom Parkplatz C. Karrer in **Barr** wenden wir uns in der Rue de la Kirneck nach links, biegen links ab in die Rue Tauflieb und sofort

Die heilige Odilie, deren Grab sich auf dem Mont Ste-Odile befindet, ist die Nationalheilige des Elsass.

Tourencharakter: Langer Anstieg zum Mont Ste-Odile und lange Abfahrt; auf Straßen und asphaltierten Forstwegen; nahezu durchgehend im Wald.
Ausgangs- und Endpunkt: Barr.
Anreise: PKW: A35, Strasbourg – Colmar, Ausfahrt 12; N422 nach Gertwiller und rechts nach Barr; Parkplatz C. Karrer am nordöstlichen Rand der Altstadt. Bahn: Linie Strasbourg – Molsheim – Sélestat.
Streckenverlauf: Auberge du Hungerplatz 6,5 km, Mont Ste-Odile 11 km, Auberge du Moenkalb 7,5 km, Heiligenstein 2,5 km, Barr 3 km.
Wegweisung: Keine Markierung.
Karte: IGN TOP 100, 1:100000 Blatt 31 St. Dié/Mulhouse/Bâle.

wieder rechts in die Rue du Collège, auf der wir die Altstadt verlassen. Geradeaus fahren wir auf der D854 im bewaldeten Tal der Kirneck leicht bergauf. Nach dem Camping Ste-Odile biegen wir links ab zum **Maison Forestière du Hungerplatz**, einer Gaststätte, dort nach rechts auf eine Forststraße, auf der wir den Anstieg fortsetzen, bis wir nach ca. 5 km auf die D426 stoßen. Nach rechts fahren wir kurzzeitig bergab, steigen dann aber wieder an, passieren einen Parkplatz, von dem es nur wenige Meter zu Fuß sind zur **Heidenmauer**

Die Heidenmauer stammt aus vorchristlicher Zeit.

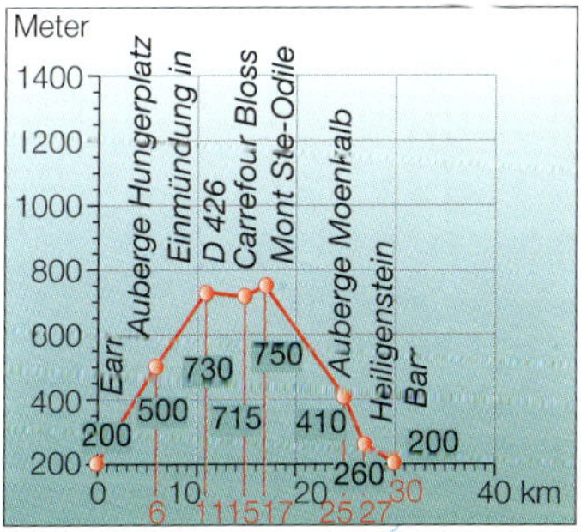

Tipp Im Aquarium Les Naïades in Ottrott bewegen sich lautlos Fische in mehreren großen Aquarien, dösen Krokodile in künstlichem Licht, schlängeln sich Pythons durch ihr Terrarium (tägl. 9.30–18.30 Uhr).

(Mur Païen), einer aus riesigen Steinblöcken aufgeschichteten, ca. 2500 Jahre alten Mauer, und erreichen die **Wallfahrtsstätte Mont Ste-Odile.** Auf der D426 kehren wir zurück zur Abzweigung der D854, der wir nach links bis zu der Abzweigung einer Forststraße folgen. Wir biegen scharf links ab (Ausschilderung: Barr via Auberge Moenkalb) und erreichen auf dem kurvenreichen Sträßchen die auf einer Lichtung stehende **Auberge du Moenkalb.** Geradeaus gelangen wir zu der Abzweigung einer schmalen Straße nach links – zur Rechten ein Picknickplatz – und erreichen den Weinort **Heilgenstein**. Nach rechts folgen wir der Ortsdurchfahrt (Route des Vins), dann einem Radstreifen an der Straße bequem nach **Barr** hinunter, wo wir den Rathausplatz passieren, links abbiegen in die Rue des Boulangers und nach links in der Rue de la Kirneck zum Parkplatz zurückkehren.

Das einstige Kloster auf dem Mont Ste-Odile

Rechts: Die Auberge du Moenkalb.

Essen und Trinken: In Barr, Auberge du Hungerplatz, auf dem Mont Ste- Odile Restaurant und Selbstbedienungslokal, Auberge du Moenkalb, Heiligenstein.
Einkehrtipps: Auberge du Hungerplatz, Ausflugsgaststätte mit Terrasse, regionale Küche (durchgehend geöffnet). Auberge du Moenkalb, einzeln gelegene Gaststätte mit Garten, durchgehend kleine Gerichte (Fr, Sa, So geöffnet).
Unterkunft: In Barr u.a. Le Brochet (am Rathausplatz, Tel. 0388089242), Camping Terrain de l'Association St. Martin (Tel. 0388080045) und Camping Ste-Odile (Tel. 0388080238). Hostellerie du Mont Ste-Odile (Tel. 0388958053).
Sehenswertes: Stadtbild von Barr und Museum Maison Marco ((Tour 12); Heidenmauer, Wallfahrtsort Mont Ste-Odile.
Information: Office de Tourisme, Place de l'Hôtel de Ville, F-67140 Barr, Tel. 03 88 08 66 65, Fax 03 88 08 66 50.

Maison Forestière
Moenkalb

mittel

34 km

↑ 220 m
↓ 220 m

2½ Std.

Weinstrasse und Elsässische Ebene

Dambach-la-Ville – Itterswiller – Andlau – Mittelbergheim – Barr – Gertwiller – Bourgheim – Epfig – Dambach-la-Ville

Durch Weinberge, Winzerdörfer und hübsche Städtchen führt der erste Teil der Tour, der auf bzw. parallel zur Weinstraße verläuft, auf der es im Sommer recht belebt sein kann. Ruhiger geht es zu in den Dörfern, die unterhalb der Weinberge in der Elsässischen Ebene liegen.

Tourenverlauf

Den hübschen Marktplatz in **Dambach-la-Ville** verlassen wir – den Bärenbrunnen zur Linken – nach links auf der Rue d´Ours und der sich geradeaus anschließenden Rue du Général Braun und stoßen auf die Ortsdurchfahrt Rue du Maréchal Foch. Nach links durchfahren wir das obere Stadttor Porte de Blienschwiller. Wir befinden uns nun auf der **Weinstraße** (Route des Vins), auf der auch die markierte Radstrecke verläuft. Nach wenigen hundert Metern biegen wir jedoch an einer Kapelle links ab, kurz darauf rechts und fahren auf einem asphaltierten Weinbergweg zunächst bergauf, dann – mit schönem Blick auf Winzerdörfer und endlose Weinberge – wieder hinab zur Weinstraße. Nach links folgen wir nun wieder der Radmarkierung bis Mittelbergheim.

Tourencharakter: Anfangs auf der Weinstraße, bei Gertwiller 700 m auf stark befahrener N 422; ansonsten auf ruhigen Sträßchen und asphaltierten Wirtschaftswegen; mehrere kurze Anstiege in den Weinbergen, bequem in der Ebene.
Ausgangs- und Endpunkt: Dambach-la-Ville.
Anreise: A 35, Strasbourg – Mulhouse, Ausfahrt 15 (Dambach-la-Ville); D 210 nach Dambach-la-Ville; in der Ortsmitte parken auf dem Place du Marché oder an der Kirche.
Streckenverlauf: Itterswiller 6 km, Andlau 3,5 km, Mittelbergheim 2,5 km, Barr 2 km, Bourgheim 4 km, Stotzheim 4,5 km, Epfig 4 km, Dambach-la-Ville 7,5 km.
Wegweisung: Zwischen Dambach-la-Ville und Mittelbergheim weißgrüne bzw. bunte Täfelchen mit Radler-Symbol, dann ohne Markierung.
Karte: IGN TOP 100, 1 : 100 000, Blatt 12 Strasbourg / Forbach und IGN TOP 100, 1 : 100 000, Blatt 31 St. Dié / Mulhouse / Bâle.

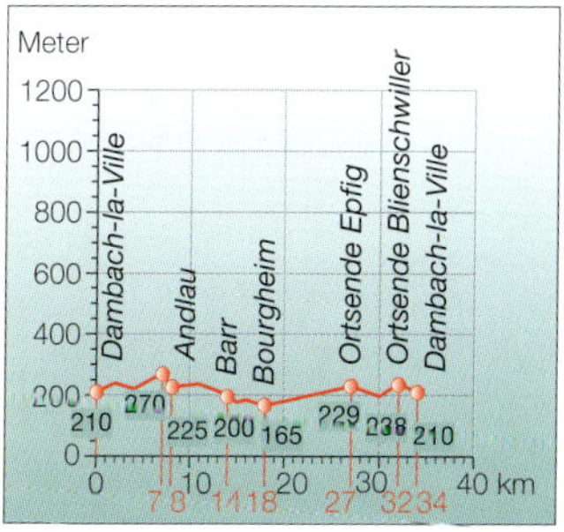

In **Blienschwiller** knickt die Weinstraße rechts ab, führt an stattlichen Winzerhöfen vorbei und schwenkt am Ortsende nach links. Wir durchfahren kurz darauf das lang gezogene Weindorf **Nothalten** und sehen das Weindorf Itterswiller inmitten der Weinberge vor uns liegen. Vorbei an einem schönen Picknickplatz steigen wir an zu dem Bilderbuch-Weindorf **Itterswiller**, das wir nach links durchfahren, vorbei an prächtigen Winzerhöfen, blumengeschmückten Fachwerkhäusern und Restaurants. Auf der Weinstraße gelangen wir nach **Andlau**, das in einem Taleinschnitt liegt. Der kleine Stadtkern sowie die ehemalige Klosterkirche Ste-Richarde mit romanischem Fries und Krypta lohnen einen kurzen Abstecher nach links.

Der Weinort Itterswiller

Essen und Trinken: In Dambach-la-Ville, Blienschwiller, Nothalten, Itterswiller, Andlau, Mittelbergheim, Barr, Gertwiller, Zellwiller, Stotzheim, Epfig.
Einkehrtipps: In Dambach-la-Ville Caveau Nartz, traditionelle Weinstube im Kellergewölbe eines Fachwerkhauses am Marktplatz (Juli, Aug. tägl., sonst nur Sa, So geöffnet). In Andlau Relais de la Poste in historischem Gebäude mit schattiger Terrasse (durchgehend geöffnet, Ruhetag Mo, Di). In Mittelbergheim Weinstube Au Raisin d'Or in Winzerhof, durchgehend geöffnet, ganztägig kleine regionale Gerichte, Terrasse im Hof (Ruhetag Mo mittags, Di). In Barr Restaurant Barrer Stubel in Fachwerkhaus am Rathausplatz, Terrasse, durchgehend warme Küche (Ruhetag Mi).
Unterkunft: In Dambach-la-Ville u.a. Hôtel Le Vignoble (Tel. 0388924375).
Sehenswertes: Stadtbild von Dambach-la-Ville; ehemalige Klosterkirche in Andlau; Lebkuchenmuseum in Gertwiller; romanische Kapelle in Epfig.
Information: Office de Tourisme, F-67650 Dambach-la-Ville, Place du Marché, Tel. 03 88926100, Fax 0388926009.

Wir steigen an auf der Weinstraße, die wir nach einigen hundert Metern nach links verlassen und der Radmarkierung auf einem Wirtschaftsweg zum Ortsrand von **Mittelbergheim** folgen. Hier weist die Radmarkierung geradeaus, doch wir biegen nach rechts ab in Richtung »Mittelbergheim Centre«, um das Dorf, das zu den schönsten Dörfern Frankreichs zählt, zu durchfahren. In einer engen Straße, vorbei an Häusern mit sandsteinfarbenem Verputz und an weinlaubberankten Winzerhöfen, erreichen wir die Hauptkreuzung mit prächtigem Renaissance-Rathaus und zwei Weinstuben. Geradeaus fahren wir an einer zur Rechten stehenden Kirche vorbei und biegen links ab in die schmale Straße Chemin de Barr, die durch Weinberge zum Ortsrand von **Barr** hinunter führt. An einer Ampelkreuzung halten wir uns geradeaus in Richtung »Centre Ville«. Das Stadtzentrum ist jedoch aufgrund des Einbahnstraßensystems nicht ganz einfach zu erreichen: rechts in die Rue des Jardins, links in die Rue des Lièvres, Fußgängerzone Grand'Rue kreuzen und in der Rue des Saules geradeaus zur Rue de la Kirneck mit dem offen fließenden, Bach Kirneck.

Abstecher: Geradeaus in der Rue des Cigognes gelangt man zum Place de l'Hôtel de Ville mit Rathaus, schönem Brunnen und Restaurants.

Unsere Tour setzen wir in der Rue de la Kirneck nach rechts fort und verlassen Barr: auf der Straße Quai de l'Abbatoir geradeaus, in der Rue Paul Degermann rechts, unter Gleisen hindurch und geradeaus auf dem Sträßchen Chemin de Gertwiller. Am Ortsrand von **Gertwiller** halten wir uns links in die Rue de Barr, der sich die Rue Principale anschließt. Auf dieser fahren wir geradeaus durch das

Viel besucht wird das Weindorf Itterswiller, das in Aussichtslage inmitten von Weinbergen liegt.

Inmitten eines Friedhofs steht die Kapelle Ste-Marguerite, erbaut im 12. Jh.

Dorf, das für seine Tradition der Lebkuchenherstellung bekannt ist. Auf Höhe der Kirche kann man sich im Musée du pain d'épices darüber informieren und in einer Lebkuchenbäckerei einkaufen.
Wir stoßen auf die quer laufende Durchgangsstraße Route de Sélestat (N 422), auf der wir uns nach links wenden und das zweite Lebkuchengeschäft passieren. Ab Ortsende folgen wir dieser viel befahrenen Straße auf einem Radstreifen zu einem Kreisverkehr. Wir biegen rechts ab und gelangen auf der D 706 zwischen Wiesen und Feldern nach **Bourgheim**. Wir fahren geradeaus in Richtung Mairie und biegen an einer Straßenkreuzung rechts ab in die Rue Principale. Nach Überqueren des Baches Kirneck halten wir uns in der quer laufenden Grande Rue de la Kirneck links und passieren am Ortsrand die wehrhaft wirkende Kirche mit Portal und Chorturm aus dem 11. Jh. Kurz danach halten wir uns bei einigen Weinfeldern an einer Gabelung geradeaus auf den asphaltierten Wirtschaftsweg Rue de Zellwiller, der zwischen Wiesen, Feldern und mit Blick auf die Vogesen und den Schwarzwald bequem nach **Zellwiller** führt. Zellwiller lassen wir links liegen und fahren auf einer ruhigen Landstraße (D 215) geradeaus nach **Stotzheim**, dessen Ortskern wir ebenfalls links liegen lassen.
Wir fahren geradeaus, kreuzen am Ortsrand die D 5 und folgen einem asphaltierten Wirtschaftsweg, der kurzzeitig zum Schotterweg wird, nach **Ste-Marguerite**, wo wir rechts abbiegen auf die D 603. Gegenüber liegt die romanische Kapelle Ste. Marguerite, die einen kurzen Halt wert ist. Wir steigen an nach **Epfig** und stoßen auf die Durchgangsstraße N 422.
Abstecher: Rechter Hand erstreckt sich das Dorf mit Einkehrmöglichkeiten, u.a. das Restaurant Kirmann.
Wir wenden uns nach links, biegen kurz vor dem Ortsende rechts ab in Richtung Blienschwiller und fahren mit Blick auf Weinberge und Vogesen zur Einmündung in die D 203. Nach rechts in Richtung Nothalten erreichen wir den Ortsrand von **Blienschwiller**, wo wir auf die Weinstraße stoßen. Dieser folgen wir nach links zurück nach **Dambach-la-Ville**.

leicht

31 km

↑ 25 m
↓ 25 m

2 Std.

Sélestat und »Le Grand Ried«

Sélestat – Ehnwihr – Muttersholtz – Wittisheim – Ebersmunster – Scherwiller – Sélestat

Sélestat liegt in der Elsässischen Ebene am Fluss Ill, der auf ca. 200 km Länge am Fuß der Vogesen entlang fließt und an dem sich alle größeren Städte des Elsass entwickelten. Vom sehenswerten Stadtzentrum von Sélestat fährt man durch ruhige Dörfer im Großen Ried, wo man immer wieder auf die Ill und kleine Wasserläufe stößt.

Tourenverlauf

Wir starten am Tourismusbüro am Rand der Altstadt von **Sélestat**, wenden uns nach links zur Kreuzung, biegen rechts ab in die Altstadtumgehung, die Rue du Général Castelnau, und erreichen den halbkreisförmigen Platz Place du Maréchal de Lattre de Tassigny.

Variante: Interessanter ist es, die Altstadt zu durchfahren, was auf-

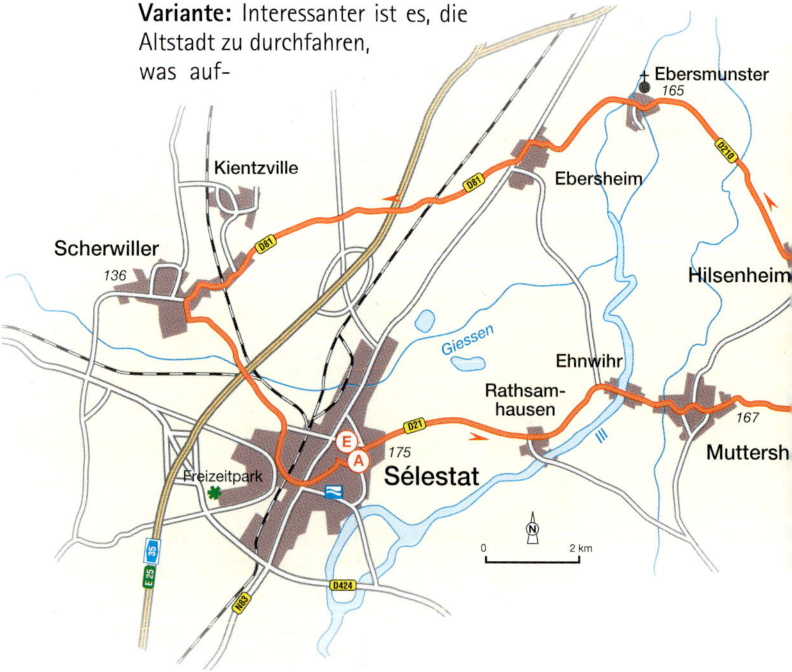

Tourencharakter: Rundtour durch die flache Landschaft des Großen Rieds; keine nennenswerten Anstiege; durchgängig auf verkehrsarmen Landstraßen.
Ausgangs- und Endpunkt: Sélestat.
Anreise: PKW: A35, Strasbourg – Colmar, Ausfahrt 16; auf der N422, dann N83 nach Sélestat; Parkplatz am ausgeschilderten Tourismusbüro (Office de Tourisme) am Nordrand der Altstadt. Bahn: Linie Colmar – Strasbourg.
Streckenverlauf: Ehnwihr 5 km, Muttersholtz 1 km, Wittisheim 5 km, Ebersmunster 7 km, Scherwiller 9,5 km, Sélestat 4 km.
Wegweisung: Keine.
Karte: IGN TOP 100, 1:100000, Blatt 31 St. Dié/Mulhouse/Bâle.

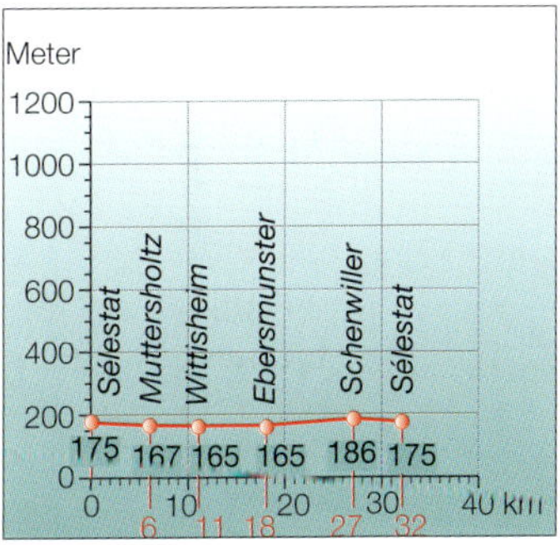

grund des Einbahnstraßensystems allerdings nicht geradlinig möglich ist: Wir schlagen folgende Route vor, die ca. 1 km länger ist als der direkte Weg. Vom Parkplatz vor dem Tourismusbüro wenden wir uns nach rechts, fahren durch die Rue des Franciscains, biegen links ab zum Place du Marché aux Pots und gelangen nach rechts zur Place Gambetta mit dem ehemaligen Kornhaus, in dem die **Humanistische Bibliothek** untergebracht ist. Hier sind mittelalterliche Handschriften sowie Frühwerke des Buchdrucks ausgestellt. Geradeaus in der Rue du Sel passieren wir das interessante **Brotmuseum** (Musée du Pain), wenden uns nach rechts zur Place du Marché Vert mit der eindrucksvollen romanischen Kirche **Ste-Foy,** fahren an dieser nach links zu der nur wenige Meter entfernt stehenden spätgotischen Kirche **St-Georges**, in der vor allem die Glasfenster aus dem 15. Jh. sehenswert sind. In der Rue de la Grande Boucherie setzen wir unsere

Jeden Dienstagmorgen wird in den Straßen von Sélestat ein großer Markt abgehalten.

Originelle Hausfassade in Sélestat

Tipp Mit dem »Batelier du Ried«, M. Unterstock, kann man vom flachen Kahn aus das Große Ried bei einer ca. 3-stündigen Fahrt auf dem sich schlängelnden Fluss Ill und seinen Seitenarmen entdecken. (April–Juni Sa, So; Juli–Aug. Do–So; Sept.–Okt. Mi, Sa, So; Anmeldung Tel. 0388851048).

Fahrt fort zu einem der Marktplätze, zur Place du Marché aux Choux, die wir nach links auf der Rue Dorlan verlassen. In der sich anschließenden Straße Quai des Tanneuers erreichen wir den Quai de l'Ill und biegen links ab auf den Boulevard Thiers, auf dem wir zur Place du Maréchal de Lattre de Tassigny am Rand der Altstadt gelangen. Hier endet die Variante.

Auf der Rue des Jardiniers fahren wir stadtauswärts, kreuzen an einer Stoppstelle die D21 und erreichen in der Rue des Dahlias den Stadtrand. An einer Gabelung bei den wenigen Häusern von **Runtzfeld** wenden wir uns nach rechts auf einen asphaltierten Wirtschaftsweg, der durch Felder zur D21 führt. Wir biegen links ab, passieren den Weiler **Rathsamhausen** und erreichen den gepflegten Weiler **Ehnwihr.** Hier kreuzen wir die Ill, auf der meist flache Kähne liegen. Früher legten hier, dem Hafen von Muttersholtz, die Fischer ab, die Bauern, die Gemüse und die Händler, die Wein beförderten; heute beginnen hier die Kahnfahrten für interessierte Touristen. Wer seinen Proviant aufstocken möchte, kann in einem der Höfe, in der Ferme Meyer, den für die Region typischen Käse »Tomme du Ried« erwerben.

Info Großes Ried (Grand Ried) wird der Landstrich zwischen Rhein und Ill, zwischen Erstein im Norden und Sélestat im Süden genannt, eine Senke, die früher in regelmäßigen Abständen überschwemmt wurde und heute von zahlreichen Wasserläufen durchzogen ist. Ein Damm verhindert, dass der Rhein weiterhin über die Ufer tritt, doch der nicht regulierte Fluss Ill überflutet bei Hochwasser noch immer die Umgebung.

Kurz darauf erreichen wir die größere Ortschaft **Muttersholtz**, die wir auf der D 21 durchfahren. Abwechselnd durch Wald und zwischen Feldern gelangen wir nach **Wittisheim**, wo sich am Ortsbeginn links der Straße ein Baggersee mit gepflegten Liegewiesen befindet. In der Ortsmitte von Wittisheim biegen wir links ab auf die D 210, eine schnurgerade Landstraße, auf der wir **Hilsenheim** durchfahren und in Richtung Ebersmünster weiterradeln. Über mehrere kleine Wasserläufe hinweg erreichen wir **Ebersmunster**, das sowohl von der Ill als auch von anderen Wasserläufen durchflossen wird. Sehenswert ist die Stiftskirche, die mit ihrem hellen Kirchenraum als die schönste Barockkirche des Elsass gilt und bekannt ist für ihre Silbermann-Orgel. Neben der Kirche befinden sich die Ge-

Essen und Trinken: In Sélestat, Ehnwihr, Muttersholtz, Wittisheim, Ebersmünster, Ebersheim, Scherwiller.
Einkehrtipps: In Ehnwihr La Porte Au Ried mit Terrasse, elsässische Gerichte (Ruhetag Mo abend und Sa mittag). In Scherwiller Restaurant A la Couronne, großes rustikales Restaurant mit Galerie, elsässische Spezialitäten und Flammenkuchen (Ruhetag Mo).
Unterkunft: In Sélestat u.a. Auberge des Alliés (Tel. 03 88 92 09 34). Camping Les Cigognes (Tel. 03 88 92 03 98).
Sehenswertes: In Sélestat die Kirchen Ste-Foy und St-Georges, die Humanistische Bibliothek, das Brotmuseum; in Ebersmunster die barocke Stiftskirche.
Öffnungszeiten: Badesee bei Wittisheim, Mitte Juni–Ende Juni Sa, So, Ende Juni–Anfang Sept. Mo–Sa 13–20, So 11–20 Uhr.
Fahrradverleih: In Sélestat im Office de Tourisme.
Information: Office de Tourisme, Boulevard du Général Leclerc, B.P. 184, F-67604 Sélestat, Tel. 03 88 58 87 20, Fax 03 88 92 88 63, E-Mail tourisme@ville-selestat.fr

Die Türme der Barockkirche in Ebersmünster spiegeln sich in der Ill.

Rechts: Durch den Weinort Scherwiller, der etwas abseits der Touristenströme liegt, fließt der offene Aubach.

Info Eine der Sehenswürdigkeiten in Sélestat ist die Humanistische Bibliothek mit mittelalterlichen Handschriften (7.-15. Jh.) sowie Frühwerken des Buchdrucks. Die Bestände zweier Bibliotheken sind im ehemaligen Kornhaus ausgestellt: der Bestand der bereits im Jahr 1452 eingerichteten öffentlichen Bibliothek der Lateinschule sowie derjenige der Privatbibliothek des Gelehrten Beatus Rhenanus (1485-1547).

bäude des ehemaligen Klosters, das im 7. Jh. gegründet und im 17./18 Jh. wieder aufgebaut wurde; heute ist hier ein Institut untergebracht.

Von der D 210, die nach Ebersheim führt und entlang eines Wasserlaufs verläuft, biegen wir nach gut einem Kilometer links ab, fahren rechts an einem großen Gehöft vorbei zum Ortsrand von **Ebersheim**, einem verwinkelten Ort, in dem große Holzspeicher auffallen. In diesen wird Tabak getrocknet, der in der Umgebung angebaut wird. Nach rechts fahren wir in den Ort hinein, biegen links ab in die Rue de la Mairie und wenden uns nach rechts zur N 83 am Ortsrand. Auf dieser fahren wir 200 m nach links und biegen rechts ab auf die Landstraße D 81, die in Richtung Scherwiller durch Felder und Obstplantagen auf die Vogesen zuführt.

In Ehnwihr legen die flachen Kähne ab, auf denen »le Batelier du Ried« Touristen durch das Große Ried führt.

In **Scherwiller** biegen wir noch vor dem Ortszentrum links ab in Richtung Chapelle St-Wolfgang in die Rue du Giessen. Geradeaus lohnt ein kurzer **Abstecher** in das vom Aubach durchflossene Dorf mit seinen Fachwerkhäusern. An der in einer Weggabelung stehenden Kapelle St-Wolfgang fahren wir links vorbei und auf einem Radstreifen entlang einer Landstraße zum Stadtrand von **Sélestat**. Wir biegen links ein in die Rue de Barr, halten uns an der Kreuzung mit der N 83 geradeaus und kehren nach rechts über den Boulevard Charlemagne zum Parkplatz am Tourismusbüro zurück.

anspr.

57 km

↑730 m
↓730 m

6 Std.

Zur Haut-Koenigsbourg

Bergheim – Kintzheim – Châtenois – Huhnelmuhle – St- Maurice – Lièpvre – Haut-Koenigsbourg – Thannenkirch – Bergheim

Eine der Hauptattraktionen im Elsass ist die Haut-Koenigsbourg, die Ende des 19. Jh. nach alten Plänen restauriert wurde.

Tourenverlauf

Vom Parkplatz in **Bergheim** fahren wir durch das Stadttor und durchqueren das Städtchen auf der Grand'Rue. Am Ortsende biegen wir links ab auf einen Radweg, der am Fuß der Vogesen auf der Trasse einer Römerstraße verläuft. Mit der Haut-Koenigsbourg vor Augen, erreichen wir ein Wohngebiet von **Kintzheim**.

Wir radeln geradeaus auf einem Sträßchen, jetzt markiert als Europäischer Radwanderweg Elzach-Villé, dem wir bis St. Maurice folgen: über **Châtenois,** auf der Route des Vins in Richtung Scherwiller, nach links in das Val de Villé, vorbei am einzeln stehenden Restaurant **Huhnelmuhle** und durch Wald nach dem inmitten von Viehweiden und vor der Kulisse der Vogesen gelege-

Von weitem zu sehen: die auf einem Bergkegel thronende Haut-Koenigsbourg mit ihren Erkern und Türmchen.

Tourencharakter: Bequem in der Ebene und im Tal der Fecht; mehrere kurze Anstiege bis Lièpvre; ca. 10 km Anstieg zur Haut-Koenigsbourg; lange Abfahrt nach Bergheim.
Ausgangs- und Endpunkt: Bergheim.
Anreise: A35, Strasbourg – Molsheim – Mulhouse, Ausfahrt Ribeauvillé/Bergheim; Parkplatz in Bergheim am Oberen Stadttor an der Weinstraße.
Streckenverlauf: Kintzheim 6 km, Châtenois 2,5 km, Thanvillé 8,5 km, Dieffenbach-au-Val 3 km, Lièpvre 12,5 km, Haut-Koenigsbourg 10,5 km, Thannenkirch 7 km, Bergheim 7 km.
Wegweisung: Bis Kintzheim blaue Schilder mit weißem Radler; ab Kintzheim weißgrüne Schilder und bis St-Maurice blaue Schilder des Radwanderwegs Elzach-Villé; bis Lièpvre weißgrüne Schilder.
Karte: IGN TOP 100, 1:100000, Blatt 31 St-Dié/Mulhouse/Bâle.

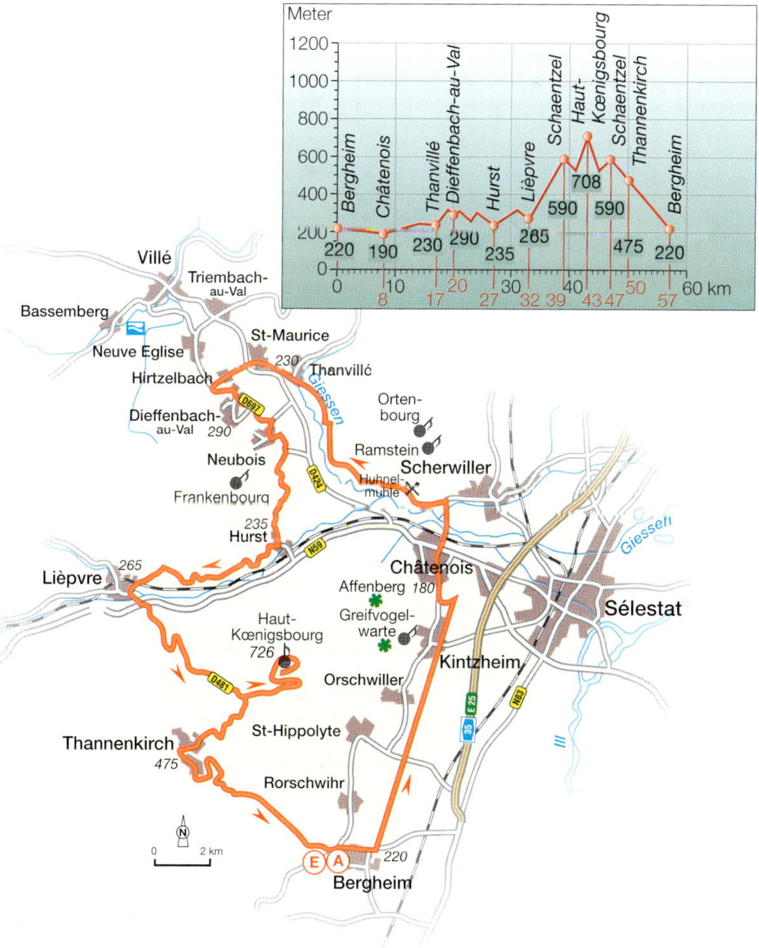

Rechts: In das Mittelalter zurückversetzt fühlt man sich in der Haut-Koenigsbourg, die nach alten Plänen wieder aufgebaut und eingerichtet wurde.

Essen und Trinken: In Bergheim, Kintzheim, Châtenois, Huhnelmuhle, Thanvillé, St-Maurice, Lièpvre, Haut-Koenigsbourg, Thannenkirch, Mahlmuehl.
Einkehrtipps: Huhnelmuhle, einzeln stehendes Restaurant mit Terrasse; in Thannenkirch Auberge de la Meunière mit Aussichtsterrasse.
Unterkunft: In Bergheim u.a. Hôtel Chez Norbert (Tel. 0389733115).
Sehenswertes: Stadtbild von Bergheim mit Stadtmauer; Haut-Koenigsbourg.
Information: Mairie, 3, place du D.P. Walter, F-68750 Bergheim, Tel. 0389736301, Fax 0389733659.

nen **Thanvillé**, vorbei am imposanten, verlassen wirkenden Schloss von Thanvillé talaufwärts nach **St-Maurice**.
Wir verlassen den Radweg Elzach-Villé nach links und folgen der Radmarkierung in Richtung Lièpvre bergauf durch die Dörfer **Hirtzelbach**, **Dieffenbach-au-Val** und **Neubois**. Durch Wald fahren wir bergab und verlassen die D697 in einer Linkskurve nach rechts. Auf der Route Forestière de Neubois gelangen wir in den Weiler **Hurst**, auf der Route Forestière de la Lièpvrette und einem Sträßchen nach **Lièpvre**. An der ersten Brücke über das Flüsschen Lièpvrette biegen wir links ab – jetzt ohne Radmarkierung –, an der N59 erneut links, orientieren uns am Kreisverkehr in Richtung Châtenois und folgen am Ortsende der D48/1 nach rechts. Durch Wald steigen wir auf der kurvenreichen Landstraße ca. 10 km weit an zur **Haut-Koenigsbourg**.
Wir kehren zurück in den Sattel namens **Schaentzel**, wo die Abfahrt über **Thannenkirch** hinunter nach **Bergheim** beginnt.

Tipp Gut einkehren lässt sich am Ende der Tour in Bergheim in einer der Weinstuben: u.a. in der für ihre exzellente Weinauswahl bekannten Winstub Au Sommelier; in der einfachen, traditionellen Weinstube Au Cerf; im rustikalen Gastraum des Hotel-Restaurants Chez Norbert.

Ein beliebtes Ausflugsziel ist der kleine Ort Thannenkirch, der am Berghang inmitten von Obstwiesen liegt.

mittel

31 km

↑ 275 m
↓ 275 m

2½ Std.

Städtchen an der Weinstrasse

Bergheim – Ribeauvillé – Riquewihr – Kientzheim – Kaysersberg – Sigolsheim – Bergheim

Die schönsten Winzerdörfer und interessantesten Kleinstädtchen an der Weinstraße werden auf dieser Tour durchfahren. Für diese Tour sollte man genügend Zeit einplanen, denn einige Male bieten sich Abstecher zu Sehenswürdigkeiten wie Kirchen oder Storchengehegen an.

Tourenverlauf

Vom Sportplatz **Bergheim** fahren wir auf der Route de Sélestat leicht bergauf zum Rand der Altstadt, deutlich erkennbar an Graben und Mauern der einstigen Stadtbefestigung. An der Kirche weist die Radmarkierung nach links, doch wir schlagen vor, der Grand'Rue geradeaus durch das ruhige Städtchen zu folgen. Durch das Stadttor Porte Haute verlassen wir die Altstadt, fahren nach links über einen Parkplatz, wenden uns in der Rue des Vi-

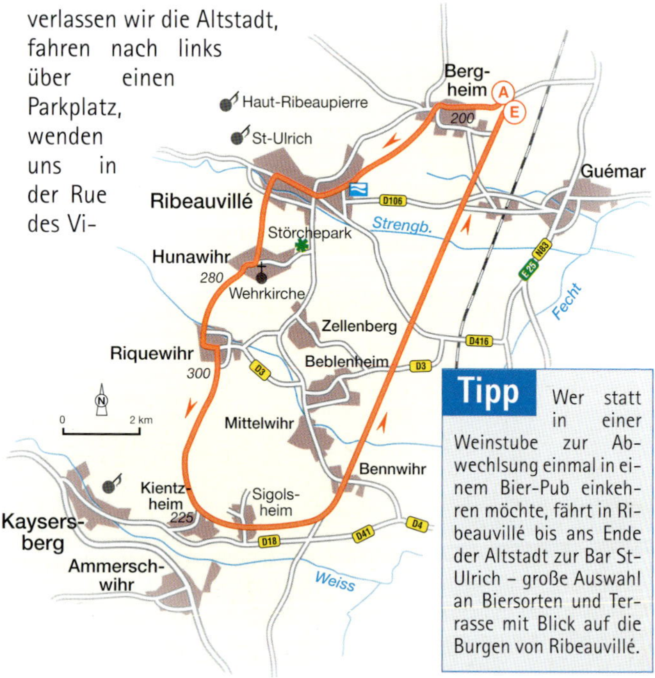

Tipp

Wer statt in einer Weinstube zur Abwechslung einmal in einem Bier-Pub einkehren möchte, fährt in Ribeauvillé bis ans Ende der Altstadt zur Bar St-Ulrich – große Auswahl an Biersorten und Terrasse mit Blick auf die Burgen von Ribeauvillé.

Tourencharakter: Auf verkehrsarmen Sträßchen durch die Vogesen-Vorberge und auf ebenem Radweg in der Elsässischen Ebene zurück; mehrere leichte sowie kurze steile Anstiege in den Weinbergen.
Ausgangs- und Endpunkt: Bergheim.
Anreise: A35, Strasbourg – Molsheim – Mulhouse, Ausfahrt Ribeauvillé/Bergheim; Parkplatz beim Sportplatz am östlichen Ortsrand von Bergheim.
Streckenverlauf: Ribeauvillé 5 km, Hunawihr 2,5 km, Riquewihr 2,5 km, Kientzheim 4 km, Kaysersberg 2 km, Sigolsheim 4 km, Bennwihr 3 km, Bergheim 8 km.
Abstecher: In Hunawihr zu Kirche und Storchengehege; oberhalb Riquewihr zu Aussichtspunkt; in Kientzheim zu Schloss und Weinmuseum; in Sigolsheim zu romanischer Kirche.
Wegweisung: Durchgängig markiert.
Karte: IGN TOP 100, 1 : 100 000, Blatt 31 St-Dié/Mulhouse/Bâle.

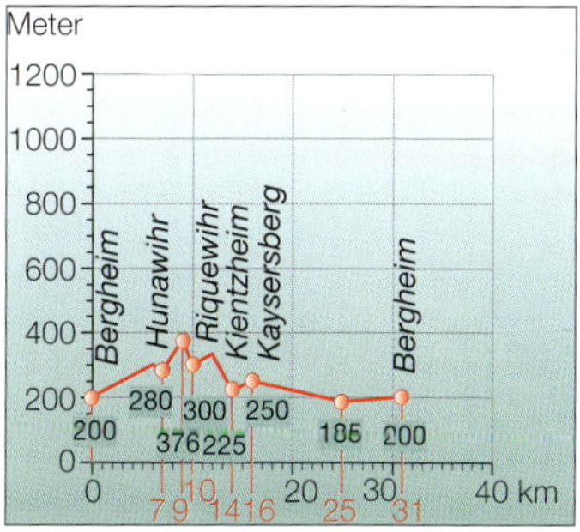

gnerons nach rechts und treffen wieder auf die Radmarkierung. Dieser folgen wir kurz vor der Durchgangsstraße nach links in Richtung Ribeauvillé zum Ortsrand und fahren auf einem asphaltierten Fahrweg durch Weinfelder zum Stadtrand von **Ribeauvillé**.

Vorbei am Campingplatz, Schwimmbad und einem Schulkomplex gelangen wir zur D 106, wo die Radmarkierung endet. Nach rechts in Richtung »Centre Ville« fahren wir an zwei Kreisverkehranlagen geradeaus und gelangen in die verkehrsberuhigte Grand'Rue, die auf mehr als 2 km Länge durch die reizvolle Altstadt führt. Mit Blick auf die oberhalb der Stadt stehenden drei Burgen fahren wir – oder schieben wir, je

Das Städtchen Ribeauvillé

Die einstige Stadtmauer ist in Bergheim noch teilweise erhalten.

nach Touristenandrang – vorbei an einladenden Geschäften, an Straßencafés und verzierten Fachwerkhäusern bis zum Haus Nr. 115 – erkennbar an einem eigenartig geschnitzten Eckpfosten –, wo wir die Grand'Rue nach links verlassen. In der Rue de la Fontaine steigt die Straße an, kreuzt eine Umgehungsstraße – hier stoßen wir wieder auf die Radmarkierung – und wir gelangen zwischen Weinfeldern und mit schönem Blick auf Hunawihr und die Elsässische Ebene, zur Rue du Nord in **Hunawihr.**

Abstecher: Wer einkehren, die von einer Wehrmauer (12. Jh.) umgebene Kirche besichtigen oder den Parc des Cigognes besuchen möchte, fährt hier nach links bergab (hin und zurück 2 km).

Unsere Fahrt setzen wir geradeaus fort, halten uns kurz darauf in der Grand'Rue rechts und folgen der Radmarkierung in Richtung Riquewihr aus dem Ort hinaus. Die wenig befahrene Landstraße steigt knapp 1 km weit steil an zu einer Kreuzung oberhalb von Riquewihr.

Abstecher: Nach links, dann nach rechts erreicht man einen Aussichtspunkt in den Weinbergen mit herrlichem Blick auf die Dächer der Altstadt von Riquewihr (hin und zurück knapp 1 km).

An der Kreuzung wenden wir uns nach rechts und fahren hinunter nach **Riquewihr**. Die Radmarkierung führt rechts um das Städtchen herum, doch wir betreten die Altstadt durch ein Doppeltor

Tipp Im Störche- und Fischotterpark in Hunawihr werden Störche und Fischotter aufgezogen und dann in die Freiheit entlassen. In einer Show kann man Tiere, die sich von Fischen ernähren, wie Kormoran, Fischotter und Ohrenrobbe, bei ihren unterschiedlichen Fangmethoden beobachten (1. April–11. Nov. 10–12 und 14–17 Uhr; Juni–Aug. durchgehend geöffnet; Shows 15, 16 und 17 Uhr).

in der gut erhaltenen Stadtbefestigung, zu der auch der Wachturm, der Dolder (heute Museum), gehörte. Auf der kopfsteingepflasterten Hauptstraße, der Rue du Général de Gaulle, von der schmale, verwinkelte Gassen abgehen, sind meist zahlreiche Touristen unterwegs, weshalb es sich empfiehlt, das Fahrrad zu schieben. Vorbei an mit Erkern und geschnitzten Eckpfosten verzierten Renaissance-Häusern gelangen wir am Ende der Altstadt zum Schloss (heute Postmuseum).
Zurück in der Ortsmitte, biegen wir am Office de Tourisme ab in die Rue de la 1ère Armée, kreuzen die Altstadtumgehung. Wir folgen der Radmarkierung in Richtung Kientzheim auf einem schmalen Sträßchen, das in den Weinbergen steil ansteigt in einen Sattel und sehr steil bergab führt zu dem von einer Stadtmauer umgebenen Städtchen **Kientzheim**. Durch das Schneckentor gelangen wir zu einem Brunnen in der Grand'Rue.
Abstecher: Nach links erreichen wir einen kleinen Platz mit Ziehbrunnen bei der Hostellerie Schwendi, die Wallfahrtskapelle (Ex Voto-Chapelle) mit einer Sammlung von Ex-Voto-Bildern, das Schwendi-Schloss mit dem elsässischen Weinmuseum (hin und zurück ca. 400 m). Nach rechts setzen wir unsere Fahrt fort und fahren ab Ortsende auf einem Radweg, der parallel zur D 28

Essen und Trinken: In allen Orten an der Strecke.
Einkehrtipps: In Kientzheim Hostellerie Schwendi mit regionaler Küche und Terrasse am alten Brunnen (Ruhetag Di, Mi mittags). Weitere Tipps → **Tour 13**.
Unterkunft: In Bergheim u.a. Hôtel Chez Norbert (Tel. 03 89 73 31 15).
Sehenswertes: Stadtbefestigung und Hexenmuseum in Bergheim; Stadtbild von Ribeauvillé und Ausstellung zum Weinbau in der Winzergenossenschaft; in Hunawihr Wehrkirche und Storchenpark; Stadtbild von Riquewihr mit Stadtbefestigung, Diebsturm, Stadtmuseum Dolder, Kutschen- und Postmuseum, Haus Hansi; in Kientzheim Stadtbefestigung, Wallfahrtskapelle, Weinmuseum im Schloss; in Kaysersberg romanische Kirche, Albert-Schweitzer-Museum, Stadtbild; in Sigolsheim romanische Kirche.
Fahrradverleih: Cycles Binder, 82, Grand'Rue in Ribeauvillé, Tel. 03 89 73 65 87.
Information: Mairie, 3, place du D.P. Walter, F-68750 Bergheim, Tel. 03 89 73 63 01, Fax 03 89 73 36 59.

Stadtmauer, dicht gedrängt stehende Häuser, enge Gassen – in Riquewihr scheint sich seit dem Mittelalter nicht viel verändert zu haben.

Rechts: Verziert sind einige der Häuser in Ribeauvillé.

verläuft, zum Ortsbeginn von **Kaysersberg**. Nach links erreichen wir durch die Rue du Château die kopfsteingepflasterte Hauptstraße, die Rue du Général-de-Gaulle, auf der wir nach rechts, entgegen der Einbahnstraßenrichtung, den malerischen Ort durchfahren.

Vorbei an der Kirche Ste-Croix mit romanischem Tympanon, an Fachwerkhäusern, Souvenirgeschäften und Lokalen gelangen wir zu der das Flüsschen Weiss überspannenden alten Brücke, von der man auf die Burgruine oberhalb der Stadt sowie auf die Häuser entlang der Weiss blickt. Wir fahren weiter in die so genannte Oberstadt, wo wir am Ende der Altstadt, beim Albert-Schweitzer-Haus, wenden. Zurück an der Brücke, biegen wir rechts ab in die idyllische Gasse Rue des Potiers, kehren über die nächste Weiss-Brücke zur Rue du Général-de-Gaulle zurück und kehren auf demselben Weg zurück nach Kientzheim.

Mit Blumen geschmückte Fachwerkfassaden machen den Reiz der Städtchen entlang der Weinstraße aus.

Am Ortsbeginn von **Kientzheim** wenden wir uns kurz vor der Stadtmauer nach links und fahren auf einem Sträßchen an der Stadtmauer entlang, dann durch Weinfelder nach **Sigolsheim**. Im Ort kreuzen wir an einer Stoppstelle eine Straße.

Abstecher: Nach rechts sind es nur gut 100 m zur Place de l'Eglise mit Restaurant, Brunnen und romanischer Kirche Sts-Pierre et Paul mit sehenswertem Westportal (hin und zurück ca. 300 m).

Geradeaus fahren wir in Richtung Ingersheim, durchradeln Weinfelder und stoßen auf die Route des Vins. Auf dieser halten wir uns links zum Ortsanfang von **Bennwihr**, wo wir rechts abbiegen in ein Wohnviertel. Am Ortsende beginnt ein Radweg, der auf der Trasse einer einstigen Römerstraße zunächst durch Weinfelder, dann durch Wiesen bequem in Richtung Norden führt. Vorbei an Beblenheim und mit Blick auf die Vogesen-Vorberge erreichen wir den Ortsrand von **Bergheim**, fahren geradeaus zur Route de Sélestat und nach rechts zum Ausgangspunkt der Tour.

28
Le Pfiffer
de l'an 1300
Impasse

anspr.

39 km

↑970 m
↓970 m

4 Std.

Route des Crêtes

Lapoutroie – Le Bonhomme – Col des Bagenelles – Col du Bonhomme – Col du Calvaire – Lac Blanc – Pairis – Orbey – Lapoutroie

Kammstraße – Route des Crêtes – heißt die Bergstraße, die auf ca. 100 km Länge auf dem Vogesenkamm verläuft. Vom Vallée de Kaysersberg führt unsere Radtour hinauf zum nördlichen Abschnitt dieser Straße, die hier großteils durch Wald verläuft. Ausblicke sind dennoch möglich, z. B. am Col des Bagenelles.

Tourenverlauf

Wir fahren vom Parkplatz am südlichen Ortsende geradeaus durch das Straßendorf **Lapoutroie**, vorbei am Musée des Eaux-de-Vie (Schnapsmuseum), und halten uns an der Einmündung in die N415 links. Von dieser stark befahrenen Durchgangsstraße biegen wir in **Le Bonhomme** rechts ab und steigen auf einer ruhigen Landstraße an durch ein reizvolles Tal mit Viehweiden und einzelnen Bauernhöfen.

Am **Col des Bagenelles** an der Route des Crêtes, einem Pass mit herrlichem Ausblick, wenden wir uns nach links und steigen weiter an bis auf über 1000 m Höhe. In Kehren fahren wir hinunter zum **Col du Bonhomme**, einem belebten Pass mit zwei Hotels, Restaurants, Souvenirgeschäft und Rastplatz. Geradeaus bleiben

Entlang der Route des Crêtes sieht man immer wieder die schwarz-weißen Vogesenrinder.

Tourencharakter: Anstrengender Anstieg aus dem Vallée de Kaysersberg auf den Vogesenkamm, kürzere Anstiege auf dem Vogesenkamm, lange Abfahrt durch das Val d'Orbey; durchgehend auf Straßen.
Ausgangs- und Endpunkt: Lapoutroie
Anreise: A 35/N 83, Strasbourg – Colmar, Ausfahrt 23; über Sigolsheim und Kaysersberg nach Lapoutroie; Parkplatz am südlichen Ortsende, 100 m nach dem Ortsschild.

Streckenverlauf: Le Bonhomme 6 km, Col des Bagenelles 4,5 km, Col du Bonhomme 5,5 km, Col du Calvaire 3 km, Lac Blanc 2 km, Pairis 5,5 km, Orbey 2 km, Lapoutroie 5,5 km.
Wegweisung: Keine.
Karte: IGN TOP 100, 1 : 100 000, Blatt 31 St. Dié/Mulhouse/Bâle.

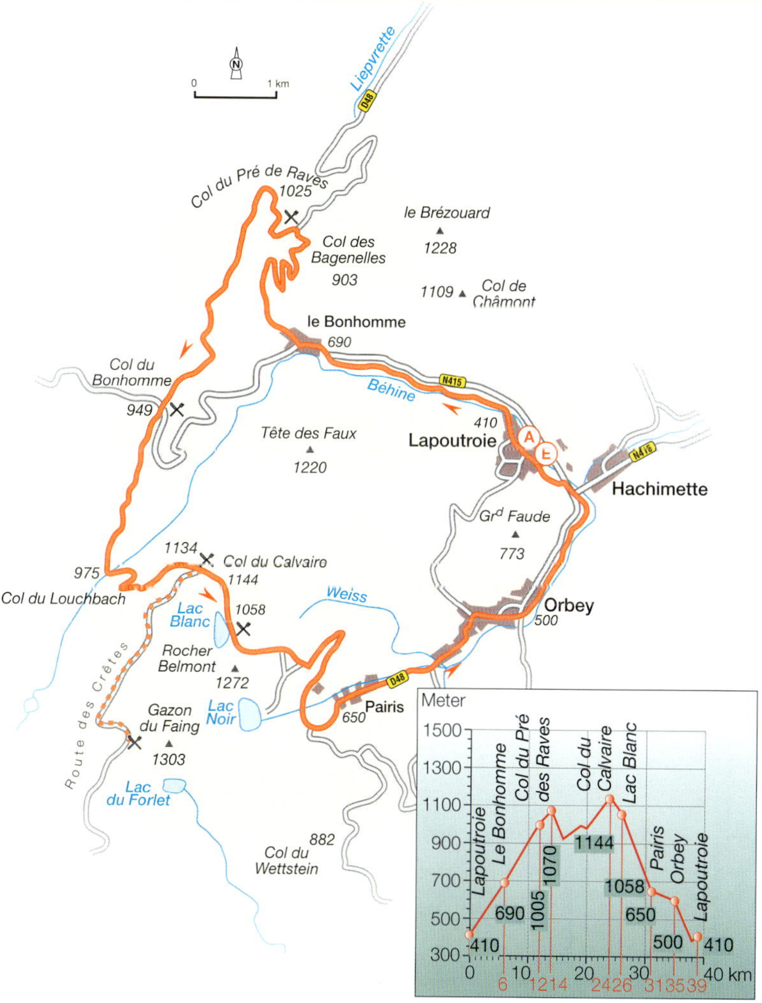

Rechts: Blick von der Route des Crêtes.

Essen und Trinken: In Lapoutroie, Le Bonhomme, am Col des Bagenelles, Col du Bonhomme, Col du Calvaire, Lac Blanc, in Pairis, in Orbey.
Einkehrtipps: → **Tipps**
Unterkunft: In Lapoutroie u.a. Hôtel du Faudé (Tel. 0389475035).
Sehenswertes: Schnapsmuseum in Lapoutroie; Ausblick vom Col des Bagenelles und der Route des Crêtes, Lac Blanc; Schau-Käserei bei Lapoutroie.
Information: Office de Tourisme de la Vallée de Kaysersberg, 39, Rue du Général de Gaulle, F-68240 Kaysersberg, Tel. 0389782278, Fax 0389782744, E-Mail ot.kaysersberg@calixo.net, Internet www.kaysersberg.com

wir weiter auf der Route des Crêtes, die in leichtem Auf und Ab zum **Col du Louschbach** führt und im Wald ansteigt zum **Col du Calvaire** mit Rastplatz und Restaurant.

Hier verlassen wir die Kammstraße in Richtung Lac Blanc und fahren ab jetzt nur noch bergab. Wir passieren den **Lac Blanc**, wo sich ein Halt lohnt: der Karsee ist umgeben von steil abfallenden kahlen Felsen. Weiter bergab auf der D 48 durchfahren wir **Pairis** mit seinen verstreut liegenden Einzelhöfen und **Orbey**, einem städtisch wirkenden Ort. Auf der Sohle des Weiss-Tals stoßen wir auf einen Kreisverkehr – hier gibt es eine Schau-Käserei mit Verkauf – und halten uns direkt vor einem Kreisverkehr links auf einen Schotterweg, der in die D248 einmündet. Wenig später biegen wir links ab und kehren zu unserem Ausgangspunkt zurück.

Tipp »Fermes Auberges« sind Bergbauernhöfe, die in rustikalen Räumen Gäste bewirten mit einfachen Gerichten wie Munster-Käse mit Pellkartoffeln oder »Roigabrägeldi« (eine Kartoffelspezialität). An der Radstrecke liegen die Fermes Auberges La Graine Johé (kein Ruhetag) am Col des Bagenelles und Chèvremont in Pairis (Ruhetag Di).

Der kleine See Lac Blanc.

leicht

46 km

↑70 m ↓70 m

3½ Std.

Tal der Fecht und Colmar

Ostheim – Colmar – Eguisheim – Wettolsheim – Wintzenheim – Turckheim – Katzenthal – Ammerschwihr – Sigolsheim – Ostheim

Vom flachen, teils bewaldeten Tal der Fecht führt die Tour, abseits von Durchgangsstraßen, in die reizvolle Altstadt von Colmar, die man auch wieder auf ruhigen Radwegen verlässt in Richtung Weinberge, wo malerische Städtchen und Winzerdörfer durchfahren werden.

Tourenverlauf

Am Kreisverkehr in der Ortsmitte von **Ostheim** folgen wir der D3 in Richtung Strasbourg/Jebsheim und biegen nach knapp 2 km rechts ab auf einen Wirtschaftsweg. Mit Blick auf die Vogesen-Vorberge erreichen wir **Houssen**, wo wir an der ersten Gabelung nicht der Radmarkierung geradeaus folgen, sondern rechts, kurz darauf links abbiegen in die Rue Principale, die zur D4 führt. Wir halten uns rechts durch eine Straßenunterführung, an einem Kreisverkehr geradeaus und kurz darauf links in Rich-

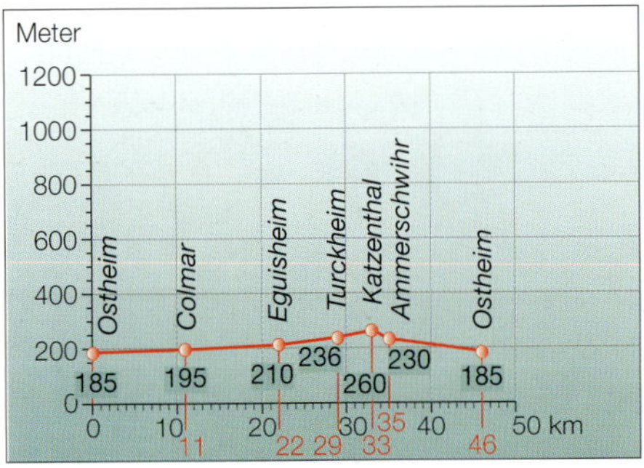

Bunt gestrichen sind die Fachwerkhäuser am Quai de la Poissonnerie in Colmar, wo früher die Fischer ihren Fang feilboten.

Tourencharakter: Rundtour von der Elsässischen Ebene über Colmar zur Weinstraße; asphaltierte Wirtschaftswege und ruhige Straßen; in Colmar kurzzeitig auf verkehrsreicher Straße; drei kurze Anstiege in den Weinbergen.
Ausgangs- und Endpunkt: Ostheim.
Anreise: A35/n83, Strasbourg – Mulhouse, Ausfahrt Ostheim; Parkplatz auf Place des Cigognes in der Ortsmitte.
Streckenverlauf: Houssen 5 km, Altstadt Colmar 7 km, Eguisheim 10,5 km, Wettolsheim 1,5 km, Turckheim 5 km, Katzenthal 4,5 km, Ammerschwihr 2 km, Sigolsheim 3 km, Bennwihr 2,5 km, Ostheim 5 km.
Wegweisung: Gelegentliche Radmarkierungen (blauweiße Täfelchen) zu Beginn der Tour; durchgehend markiert ab Colmar.
Karte: IGN TOP 100, 1:100000, Blatt 31 St. Dié/Mulhouse/Bâle.

Tipp Wer Süßes mag, macht einen Abstecher nach Niedermorschwihr zum bekannten Geschäft Ferber, wo die Auswahl unter rund 190 verschiedenen, hier nach alter Art hergestellten Sorten Konfitüren, Pralinen und Kuchen schwer fällt (18, Rue des Trois Epis = Ortsdurchfahrt).

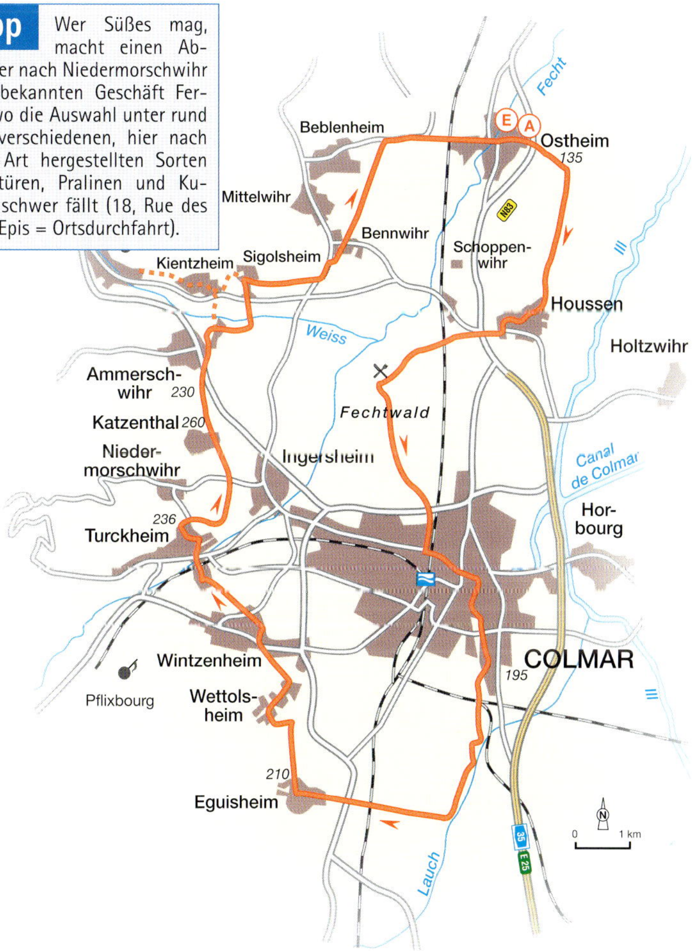

Im Koïfhus wurden früher zollpflichtige Waren gelagert und verkauft.

tung »Waldeslust«. Auf einem Landsträßchen folgen wir der Radmarkierung zu einer Kreuzung im Wald beim **Restaurant Waldeslust**. Nach links verlassen wir auf dem Forststräßchen Chemin de la Fecht den Fechtwald, einen lichten Auwald, und erreichen zwischen Weinfeldern den Stadtrand von **Colmar.**

An einer Ampelkreuzung fahren wir geradeaus in Richtung Stadtzentrum und auf der verkehrsarmen Rue de Morat entlang der Gleise. Wir biegen rechts ab in die Rue du Weibelambach, links in die Rue de la Bagatelle und stoßen auf die verkehrsreiche Route d'Ingersheim mit Radweg, auf der wir uns links halten. Die Einfahrt in die Altstadt ist wegen des Einbahnstraßensystems etwas verwinkelt: wir fahren an der Ampel geradeaus, rechts ab in die breite Rue Stanislas zum Place Rapp, links in die Rue Kléber und nach wenigen Metern rechts in die Rue des Boulangers und sofort wieder links in die Rue des Têtes, wo wir das **Kopfhaus** (Maison des Têtes), ein Renaissancehaus (1609), dessen Fassade mit rund 100 steinernen Köpfen geschmückt ist, passieren. Am Ende der Straße liegt zur Linken die Place d'Unterlinden mit dem **Museum Unterlinden** in einem ehemaligen Dominikanerinnenkloster.

Nach rechts erreichen wir über die Place des Martyrs de la Résistance die belebte **Place des Dominicains** mit der Kirche des ehemaligen Dominikanerklosters; hier ist das Bild »Maria im Rosenhag« (1473) von Martin Schongauer ausgestellt. Geradeaus gelangen wir durch die Fußgängerzone zur **Place de la Cathédrale** mit der Kirche St-Martin (13. Jh.), dem Maison Adolphe, dem ältesten Haus der Stadt (14. Jh.), und der alten Wachstube, einem Renaissancehaus (16. Jh.) mit Loggia. Wir halten uns rechts und stoßen auf die enge **Rue des Marchands** mit prachtvollen Häusern wie dem

Tipp

In flachen Kähnen, ähnlich denen, in denen früher Bauern ihr Gemüse zum Markt brachten, können sich Touristen auf dem Flüsschen Lauch rund 30 Minuten lang durch das malerische Viertel Petite Venise schippern lassen. Anlegestelle der Kähne ist bei der Winstub La Krutenau.

Pfisterhaus (1537) mit Treppenturm, Erker und hölzerner Galerie. Wir gelangen zum Koïfhus (1480), einst Sitz der Zollbehörden, an der **Place de l'Ancienne Douane** mit Schwendi-Brunnen und Straßencafés. Wir wenden uns rechts in die **Rue des Tanneurs**, das ehemaligen Gerberviertel mit mehrstöckigen Fachwerkhäusern, und stoßen auf Höhe der Markthalle auf das Flüsschen Lauch und den **Quai de la Poissonnerie**. Nach rechts, vorbei an bunt gestrichenen Fachwerkhäusern, gelangen wir zu einer Brücke über die Lauch mit schönem Blick auf das als »Petite Venise« bezeichnete Viertel und einer Ablegestelle für Kähne (→ **Tipp**).

Essen und Trinken: In allen Orten an der Strecke sowie im Fechtwald und zwischen Colmar und Eguisheim.
Einkehrtipps: Im Fechtwald Restaurant Waldeslust mit Garten (Ruhetag Mi abend, Do). In Colmar Bier- und Winstub Schwendi mit Terrasse beim Koifhus, elsässische Küche (Ruhetag Di, Mi).
Unterkunft: In Ostheim u.a. Auberge aux Armes d'Ostheim (Tel. 03 89 47 91 15); Camping Intercommunal bei Bennwihr (Tel. 03 89 47 90 08).
Sehenswertes: Altstadt von Colmar und Museum Unterlinden; Stadtbild von Eguisheim und Turckheim; romanische Kirche in Sigolsheim.
Fahrradverleih: In Turckheim Cycles Grosshenny, 84, Grand'Rue, Tel. 03 89 27 06 36.
Information: Office de Tourisme, 4, rue des Unterlinden, F-68000 Colmar, Tel. 03 89 20 68 92, Fax 03 89 20 69 14, E-Mail info@ot-colmar.fr, Internet www.ot-colmar.fr

Nach links verlassen wir auf der breiten Rue Turenne die Altstadt. An der Ampelkreuzung halten wir uns geradeaus und folgen der Route de Bâle zur zweiten Ampelkreuzung. Wir biegen rechts ab in die Rue Clemenceau, nach ca. 150 m links in die Rue Serpentine. Auf diesem Sträßchen folgen wir dem Flüsschen Lauch, auf dem sich Enten und Schwäne tummeln, durch Gärten geradeaus, vorbei an der zur Rechten gelegenen Gaststätte Aux Amis de la Lauch, zum Waldrand (Ausschilderung: Clos Alexi).

Idyll am Stadtrand von Colmar: Gärten und Grünanlagen entlang dem Flüsschen Lauch.

Im Wald stoßen wir auf das Flüsschen Thur, dem wir nach rechts auf einer schmalen Dammstraße folgen. Wo dieses Sträßchen rechts abknickt – hier ist ein **Abstecher** (hin und zurück ca. 1 km) möglich zum einzeln gelegenen Restaurant Clos Alexi mit Garten und Fischweiher –, fahren wir geradeaus weiter auf dem nun sandigen Dammweg bis zur Einmündung in eine Straße am Waldrand.

Wir fahren nach rechts durch Felder auf die Vogesen zu, überqueren eine Bahnbrücke und folgen der Radmarkierung zum Ortsbeginn von **Eguisheim**. Wir schlagen vor, nicht der Radmarkierung um das Städtchen herum zu folgen, sondern hineinzufahren in den idyllischen, beinahe kreisrunden Stadtkern mit engen Gassen und Fachwerkhäusern. Nach rechts verlassen wir den Ort auf der Rue de l'Hôpital, die sich fortsetzt als Rue de Colmar. Am Ortsrand stoßen wir wieder auf die Radmarkierung, der wir durch Weinberge und den Weinort **Wettolsheim** zum Ortsbeginn von **Wintzenheim** folgen.

Hier orientieren wir uns an der Radmarkierung in Richtung Turckheim, die uns wiederum durch Weinberge zum Rand der Altstadt von **Turckheim** führt. Wir überqueren Bahngleise sowie das Flüsschen Fecht, halten uns kurzzeitig links und fahren durch ein Stadttor in das ummauerte Städtchen, durch das sich eine kurze Rundfahrt lohnt: nach links durch die Grand'Rue, vor dem westlichen Stadttor scharf rechts in die enge Gasse Rue des Vignerons und durch das Stadttor Porte du Brand wieder hinaus. Wir halten uns geradeaus in der Rue de Katzenthal und folgen der Radmarkierung in ständigem Auf und Ab und mit herrlichen Aus-

Dicht gedrängt stehen die Häuser in dem Kleinststädtchen Eguisheim, das im Mittelalter von einem doppelten Mauerring umgeben war.

Im Zentrum von Eguisheim sind noch Reste der einstigen Burg erhalten, an deren Stelle im 19. Jh. zu Ehren des aus Eguisheim stammenden Papstes Leo IX. die Sankt-Leo-Kapelle erbaut wurde.

blicken auf endlose Weinberge und das Winzerdorf Niedermorschwihr, das links liegen bleibt, nach **Katzenthal**. In Richtung Ammerschwihr fahren wir auf einer Landstraße weiter, die kurz vor **Ammerschwihr** in die N 415 einmündet. Wir halten uns links und kurz darauf rechts – das Zentrum des Städtchens, das im 2. Weltkrieg großteils zerstört wurde, bleibt links liegen – und folgen der Radmarkierung durch Weinfelder nach **Sigolsheim**.
Auf der Ortsdurchfahrt passieren wir die romanische Kirche, wenden uns nach rechts in Richtung Ingersheim und gelangen durch Weinfelder zur Route des Vins. Auf dieser halten wir uns links zum Ortsanfang von **Bennwihr**, wo wir rechts abbiegen in ein Wohnviertel. Am Ortsende beginnt ein Radweg, der auf der Trasse einer einstigen Römerstraße in Richtung Norden führt. An der Kreuzung mit der D3 biegen wir rechts ab, halten uns an einer Gabelung rechts, schieben das Rad durch eine Bahnunterführung und kehren in der Rue de la Gare zu unserem Ausgangspunkt zurück.

leicht

30 km

↑200 m ↓200 m

2½ Std.

Im Vallée de Munster

Turckheim – Walbach – Gunsbach – Munster – Griesbach-au-Val – Turckheim

Das Vallée de Munster, so genannt nach der größten Ortschaft im Tal, zieht sich von der Weinbergregion hinein in die Vogesen. Hier prägen Viehweiden und die Kulisse der hohen Vogesenberge das Bild.

Tourenverlauf

Vom Parkplatz am Rand der Altstadt von **Turckheim** fahren wir durch das Untere Tor und links in der Grand'Rue zum westlichen Stadttor. Der Rue des Tuileries folgen wir geradeaus zur D 10, die nach ca. 300 m links abknickt und im Munstertals leicht ansteigt. Wir durchfahren **Zimmerbach**, **Walbach**, **Wihr-au-Val** und **Gunsbach** und erreichen, mit Blick auf kahle Vogesenberge, **Munster**. Geradeaus gelangen wir in das Zentrum mit Place du Marché, Kirche (19 Jh.). Hier gibt es eine Parkanlage mit den Ruinen eines Klosters und einen Storchenturm, auf dem, genauso wie auf den umliegenden Dächern, zahlreiche Störche zu sehen sind.

Drei Stadttore blieben in dem noch immer von einer Mauer umschlossenen Städtchen Turckheim erhalten.

Essen und Trinken: In Turckheim, Zimmerbach, Walbach, Wihr-au-Val, Gunsbach, Munster, Griesbach-au-Val.
Einkehrtipps: In Munster Restaurant A l'Alsacienne mit Tischen auf dem Gehweg, elsässische Küche (Ruhetag Di Mittag, Mi; hinter der Kirche); Salon de thé Gilg, kleines Café in Pâtisserie (Grand'Rue).
Sehenswertes: Stadtbild von Turckheim; Albert-Schweitzer-Museum in Gunsbach; in Munster Informationszentrum Naturpark Ballon des Vosges.
Unterkunft: In Turckheim u.a. Hôtel Berceau du Vigneron (Tel. 03 89 27 23 55); Campingplatz Les Cigognes (Tel. 03 89 27 02 00).
Fahrradverleih: In Turckheim Cycles Grosshenny, 84, Grand'Rue, Tel. 03 89 27 23 55).
Information: Office de Tourisme, F-68230 Turckheim, Corps du Garde, Tel. 03 89 27 38 44, Fax 03 89 80 83 22, E-Mail ot.turckheim@wanadoo.fr, Internet www.turckheim-alsace.com

Tourencharakter: Im Tal der Fecht (Munstertal) auf alter Talstraße aufwärts, mehrere kurze Anstiege; von Munster bequem talabwärts auf Sträßchen und asphaltierten Wirtschaftswegen.
Ausgangs- und Endpunkt: Turckheim
Anreise: PKW: Von Colmar auf der D 417 über Wintzenheim nach Turckheim. Parkplatz am Nordrand der Altstadt. **Bahn:** Linie Strasbourg – Mulhouse – Basel.
Streckenverlauf: Zimmerbach 4 km, Walbach 2 km, Wihr-au-Val 1,5 km, Gunsbach 2,5 km, Munster 3 km, Griesbach-au-Val 4,5 km, Turckheim 13 km. Abstecher: Nach Soultzbach-les-Bains.
Wegweisung: Zwischen Munster und Ortsrand Turckheim blaue Täfelchen mit weißem Radler.
Karte: IGN TOP 100, 1 : 100 000, Blatt 31 St. Dié/Mulhouse/Bâle.

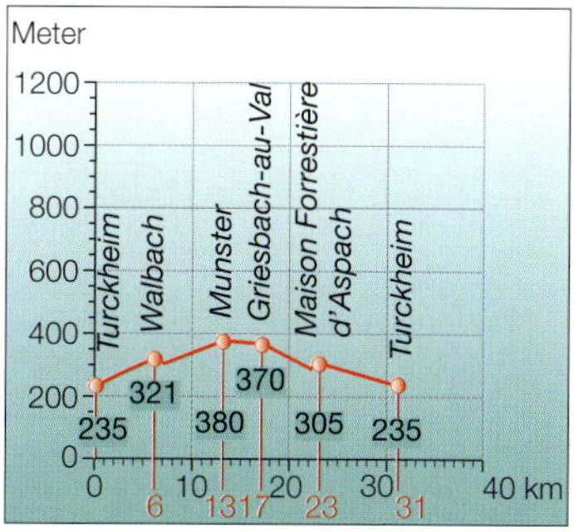

Vom Place du Marché fahren wir nun zurück in Richtung Colmar und biegen in einem Linksknick der Straße rechts ab in die Rue du Pont.
Wir unterqueren eine Eisenbahnbrücke und halten uns links. Nun folgen wir der Radmarkierung nach **Griesbach-au-Val,** und fahren dann, in Richtung Wintzenheim, vorbei an Soultzbach-les-Bains – ein nettes »Kleinststädtchen« mit verwinkelter Altstadt. Ein Abstecher nach Soultzbach-les-Bains – 1,3 km hin und zurück – lohnt sich. Am Maison Forestière d'Aspach, Picknickplätzen und an der Bahn-Haltestelle St-Giles vorbei fahren wir zur stark befahrenen D 417.
Dieser folgen wir nach links 1 km weit und biegen rechts ab auf die D 10. In **Turckheim** wenden wir uns unmittelbar vor der Fechtbrücke nach rechts und nach dem Bahnhof links zum Parkplatz.

Tipp
Zwischen Anfang Mai und Ende Oktober zieht, wie einst, jeden Abend der Nachtwächter singend durch die Gassen von Turckheim. Abmarsch: 22 Uhr am Tourismusbüro.

leicht

40 km

↑150 m
↓150 m

3 Std.

Freilichtmuseum und südliche Weinstrasse

Soultz-Haut-Rhin – Hartmannswiller – Freilichtmuseum – Merxheim – Soultzmatt – Guebwiller – Soultz-Haut-Rhin

Das interessante Eco-Musée d'Alsace, das elsässische Freilichtmuseum, in dem abgerissene Bauernhöfe aus den verschiedenen Regionen des Elsass wieder aufgebaut wurden, liegt in der Elsässischen Ebene. Von dort führt die Tour zu den Ausläufern der Vogesen, wo die beiden Städte Rouffach und Guebwiller einen Abstecher wert sind.

Tourenverlauf

Vom Parkplatz in der Stadtmitte von **Soultz-Haut-Rhin** wenden wir uns zur Kirche und fahren nach links zur Altstadtumgehung, der wir nach links folgen. Kurz darauf halten wir uns an einer Ampelkreuzung geradeaus und verlassen Soultz-Haut-Rhin auf der Route des Vins in Richtung Wuenheim. Auf der zeitweise stark befahrenen D5 passieren wir auf Höhe des Weinorts **Wuenheim** eine Weinkellerei mit kleinem Weinmuseum und

Am Fuß der Vogesen liegt die ruhige Stadt Soultz-Haut-Rhin.

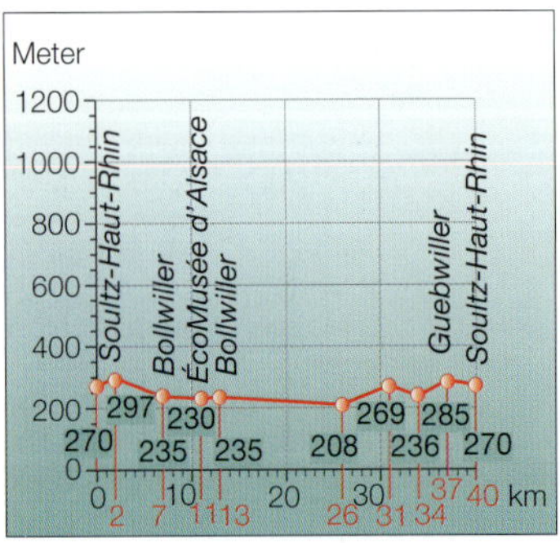

Tourencharakter: Anfangs bequem in der Elsässischen Ebene zum Freilichtmuseum, dann mehrere leichte Anstiege in den Weinbergen; ruhige Landstraße, kurzzeitig auch auf stark befahrenen Straßen.
Ausgangs- und Endpunkt: Soultz-Haut-Rhin.
Anreise: A35, Strasbourg – Mulhouse, Ausfahrt 31; über Ensisheim, Ungersheim und Bollwiller nach Soultz-Haut-Rhin; Parkplatz an Kirche/Rathaus.
Streckenverlauf: Bollwiller 7 km, Freilichtmuseum 4 km, Merxheim 11 km, Soultzmatt 7,5 km, Guebwiller 8 km, Soultz-Haut-Rhin 2,5 km.
Variante: Über Rouffach; durch Guebwiller.
Wegweisung: Auf 4 km Länge zwischen Orschwihr und Bergholtz blaue Täfelchen mit weißem Radler.
Karte: IGN TOP 100, 1:100000, Blatt 31 St. Dié/Mulhouse/Bâle

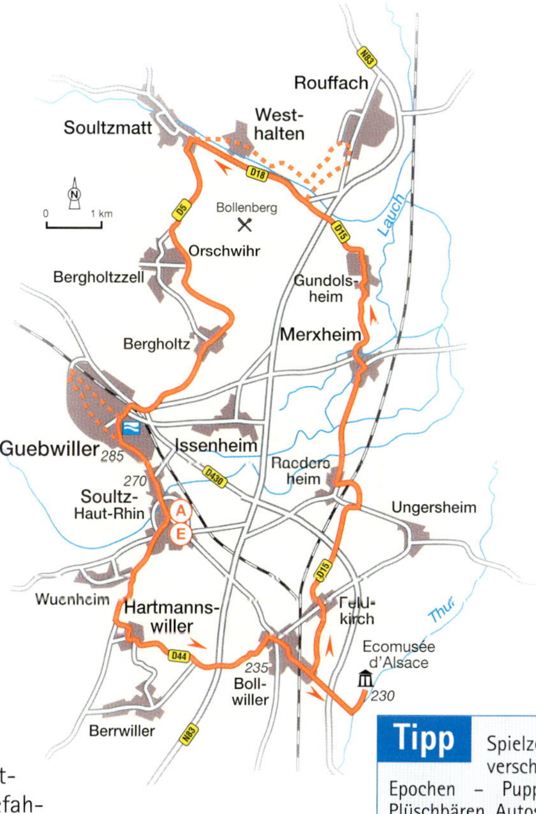

biegen beim Weiler **Ollwiller** links ab. Auf der mehrmals abknickenden D 44 durchfahren wir das von Obstwiesen und Obstplantagen umgebene Dorf **Hartmannswiller** und radeln zwischen Obstwiesen und Feldern recht bequem nach **Bollwiller.** Im Ort biegen wir rechts ein in die zeitweise stark befahrene D 429 in Richtung Eco Musée, fahren ab Ortsende kurzzeitig auf einem Radweg/Radstreifen und biegen auf Höhe einer stillgelegten Kali-Grube links ab zum **Eco Musée d`Alsace.**

Tipp

Spielzeug aus verschiedenen Epochen – Puppen und Plüschbären, Autos und Lokomotiven – ist in der ehemaligen Komturei im Spielzeugmuseum »La nef des jouets« in Soultz-Haut-Rhin ausgestellt (tägl. außer Di 14–19 Uhr).

Essen und Trinken: In Wuenheim, Hartmannswiller, im Eco-Musée, in Feldkirch, Rouffach, Orschwihr, Bergholtz, Guebwiller, Soultz-Haut-Rhin.
Einkehrtipps: In Rouffach Winstub de la Poterne, helle, moderne Weinstube mit elsässischer Küche (Ruhetag Mo abend, Di). In Guebwiller Taverne du Vigneron, rustikale Weinstube mit Tischen im Freien bei der Kirche St. Léger (Ruhetag Mo).
Unterkunft: In Soultz-Haut-Rhin u.a. Hôtel Belle Vue (Tel. 0389769582); Camping La Sapinière in Wuenheim (Tel. 0389767940).
Sehenswertes: In Soultz-Haut-Rhin Heimatmusem Musée du Bucheneck und Spielzeugmuseum (La nef des jouets); bei Wuenheim kleines Weinmuseum in der Cave vinicole du Vieil Armand; elsässisches Freilichtmuseum (Eco-Musée d'Alsace); bei Varianten: Altstadt von Rouffach mit romanischer Kirche und Störchestation; in Guebwiller romanische Kirche St. Léger und Musée du Florival.
Öffnungszeiten: Eco Musée d' Alsace (Freilichtmuseum), Juli, Aug. 9–19, April, Mai, Juni, Sept. 9.30–18 Uhr, März, Okt. 10–17, Nov., Dez., Jan., Febr. 10.30–16.30 Uhr
Information: Office de tourisme, 14, Place de la République, F-68360 Soultz-Haut-Rhin, Tel. 0389768360, Fax 0389748612, E-Mail otsi.soultz@free.fr

In der Form eines Dorfes wurden hier alte Gebäude wieder aufgebaut und um einen Dorfteich gruppiert: Bauernhäuser samt Ställen, Schule, Kapelle, Dorfwirtshaus, Sägewerk. Um den Eindruck eines Dorfes zu verstärken, wird ein wechselndes Programm geboten: In einer Bäckerei wird Brot gebacken, in den Häusern arbeiten Handwerker, in der Schule wird unterrichtet, am Brunnen wird gewaschen. Auf demselben Weg fahren wir in Richtung Bollwiller zurück, biegen im Ortsteil Cité Alex rechts ab in ein Gewerbe- und Industriegebiet und erreichen auf der D 44 II **Feldkirch**. Im Ort halten wir uns auf einer quer laufenden Straße kurzzeitig rechts in Richtung Ungersheim und biegen an der Kirche links ab in die D 15, auf der wir nach **Raedersheim** gelangen. In der Ortsmitte wenden wir uns an der Kirche nach rechts, bleiben auf der D 15, einer verkehrsarmen, streckenweise schnurgeraden Landstraße, auf der wir **Merxheim**, ein lang gestrecktes Straßendorf, sowie **Gundolsheim** durchfahren und auf die mehrspurige N 83 stoßen. Kurz nach der Brücke über die N 83 bietet sich die Möglichkeit, eine um ca. 5 km längere Variante über die sehenswerte Altstadt von Rouffach und den Weinort Westhalten zu wählen oder geradeaus direkt nach Soultzmatt zu fahren.

Variante: 100 m nach der Brücke zweigt rechts ein asphaltierter Wirtschaftsweg ab, der an Weinfeldern entlang führt, nach ca. 600 m an einem Reiterhof rechts abknickt und in die D 18 einmündet. Nach links erreichen wir die Altstadt von **Rouffach**: wir biegen rechts ab in die Rue de la Prévôté, an einer Stoppstelle erneut rechts zur Place de la République mit der sehenswerten, gewaltigen Kirche Notre-Dame-de-l'Assomption (11.-15 Jh.), dem ehemaligen Kornhaus mit Treppengiebel, dem altem, doppelgiebeligen Rathaus (15./18. Jh.), heute Touristenbüro, dem ehemaligen Zinshof und mittelalterlichem Wehrturm, dem so genannten Hexenturm. Wir fahren links am Rathaus vorbei, folgen nach rechts der Straße Aux Remparts – wenige Meter zur Linken eine Störchestation – zur quer laufenden Ortsdurchfahrt. Wir wenden uns nach links und biegen nach 50 m an einer kleinen Parkanlage rechts ab in die Rue de Westhalten. Diese ruhige Landstraße steigt in den Weinbergen leicht an; wir halten uns an einer Kreuzung rechts und erreichen den Weinort **Westhalten**. Geradeaus fahren wir durch das Dorf, stoßen am Ortsende bei einer Weinkellerei auf die D 18 bis, der wir nach rechts zum Ortsrand von **Soultzmatt** folgen. Am Ortsbeginn von **Soultzmatt** biegen wir links ab auf die D 5, die Route des Vins, der wir in leichtem Auf und Ab durch Weinberge bis kurz vor **Orschwihr** folgen.

Hier stoßen wir auf eine Radmarkierung, die nach links weist und der wir auf Wirtschaftswegen durch Weinberge, vorbei an Orschwihr und Bergholtz-Zell, nach **Bergholtz** folgen, wo die Radmarkierung endet. In dem ruhigen Ort halten wir uns geradeaus und gelangen, jetzt wieder auf der Route des Vins, bequem nach **Guebwiller**. An der Einmündung in die D 430 halten wir uns rechts – nach links erreicht man das Schwimmbad –, an einer Ampelkreuzung links in Richtung Mulhouse und an einer zweiten Ampelkreuzung links in Richtung Soultz (D 430 II).

Variante: Wer sich die lang gestreckte Innenstadt ansehen möchte, fährt hier nach rechts zum Stadtzentrum. Auf der lebhaften Rue de la République fahren wir vorbei an der Kirche Notre-Dame (1764-85), einem großen Kirchenbau mit klassizistischer Fassade, und am Musée du Florival, eingerichtet in einem ehemaligen Domherrenhaus. Durch einen kurzen Abstecher nach rechts (Rue de l'hôpital) ist die Dominikanerkirche mit Fresken aus dem 14./15. Jh. zu erreichen. Am nördlichen Ende der Altstadt steht zur Rechten die wuchtige romanische Kirche St-Léger (12. Jh). Auf Höhe dieser Kirche biegen wir links ab in die Rue du Général Gouraud und folgen nach 200 m, wiederum nach links, der querlaufenden Rue Théodore Deck entlang des Altstadtrands. Durch ein ausgedehntes Wohngebiet führt die Straße zur D 430, wo die Variante endet.

Auf der D 430 mit Radstreifen erreichen wir **Soultz-Haut-Rhin** und, geradeaus unseren Parkplatz an der Kirche.

Im Elsässischen Freilichtmuseum, im Eco Musée d'Alsace, wurden abbruchreife Gebäude wieder aufgebaut.

anspr.

51 km

↑1100 m
↓1100 m

5½ Std.

Grand Ballon, höchster Vogesengipfel

Soultz-Haut-Rhin – Col Amic – Grand Ballon – Le Markstein – Lautenbachzell – Guebwiller – Soultz-Haut-Rhin

Mit 1424 m ist der Grand Ballon der höchste Vogesengipfel, eine kahle, abgerundete Kuppe mit einer weithin sichtbaren Radarstation in Form einer weißen Kugel.

Tourenverlauf

Vom Parkplatz in der Stadtmitte von **Soultz-Haut-Rhin** wenden wir uns zur Kirche, fahren links zur Altstadtumgehung, der wir nach links folgen. Kurz darauf halten wir uns an einer Ampelkreuzung rechts auf einen Radweg neben der Straße D 5 I und an einer Gabelung auf Höhe von Wuenheim geradeaus in Richtung Col Amic. Auf der schmalen, wenig befahrenen Waldstraße steigen wir auf den nächsten 10 km an, vorbei an der Ferme Auberge Kohlschlag, zum **Col Amic**. Nach rechts setzen wir unseren Anstieg auf der Route des Crêtes fort bis zum höchsten Punkt der Tour (1325 m) am Osthang des **Grand Ballon;** hier zwei Restaurants.

Hier beginnt die steile Abfahrt zwischen Viehweiden zu einer Kreuzung kurz vor **Le Markstein.** In Richtung Guebwiller folgen wir der Radmarkierung nach rechts bergab

Bis auf 1325 m Höhe steigt die Straße an zu zwei Restaurants am Osthang des Grand Ballon.

Tourencharakter: Anstrengender Anstieg vom Fuß der Vogesen zum Grand Ballon; steile Abfahrt in das Tal der Lauch, dann bequem talabwärts; erster Teil auf ruhigem, schattigem Waldsträßchen, dann auf verkehrsreicher Route des Crêtes; im Tal der Lauch auf der alten, ruhigen Talstraße und auf Radweg.
Ausgangs- und Endpunkt: Soultz-Haut-Rhin.
Anreise: A35, Strasbourg – Mulhouse, Ausfahrt 31; über Ensisheim, Ungersheim und Bollwiller nach Soultz-Haut-Rhin; Parkplatz an Kirche/Rathaus.

Streckenverlauf: Col Amic 13 km, Grand Ballon 6,5 km, Le Markstein 7 km, Lac de la Lauch 4 km, Sengern 9 km, Lautenbachzell 3,5 km, Buhl 2 km, Guebwiller 2,5 km, Soultz-Haut-Rhin 3,5 km.
Wegweisung: Beinahe durchgängig markiert: blaue Täfelchen.
Karte: IGN TOP 100, 1:100000, Blatt 31 St-Dié/Mulhouse/Bâle.

in steilen Kehren, steigen nach dem Stausee **Lac de la Lauch** kurzzeitig an und fahren erneut steil hinunter ins Lauchtal. Wir biegen rechts ab auf die alte Talstraße und folgen der Rad-

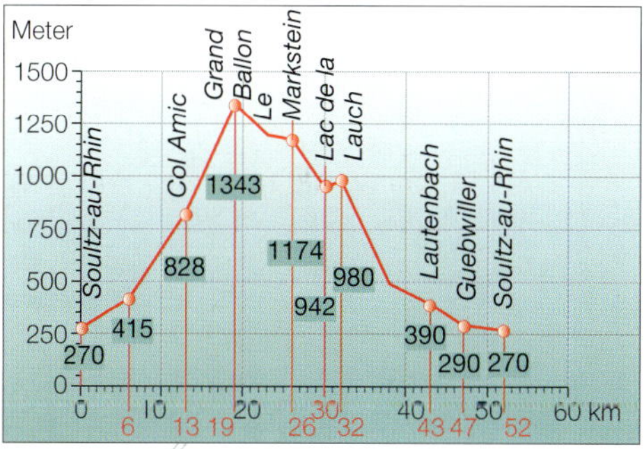

Essen und Trinken: In Soultz-Haut-Rhin, am Col Amic, am Grand Ballon, Ferme Auberge Le Haag, in Le Markstein, am Lac de la Lauch, in Sengern, Lautenbachzell, Buhl, Guebwiller.
Unterkunft: In Soultz-Haut-Rhin u.a. Hôtel Belle Vue (Tel. 0389769582); Camping La Sapinière in Wuenheim (Tel. 0389 767940).
Sehenswertes: In Soultz-Haut-Rhin Spielzeugmuseum und Heimatmuseum Musée du Bucheneck; in Lautenbachzell Le Vivarium du Moulin (Sammlung lebender Insekten); in Guebwiller zwei Kirchen und Musée du Florival;
Information: Office de tourisme, 14, Place de la République, F-68360 Soultz-Haut-Rhin, Tel. 0389768360, Fax 0389748612, E-Mail otsi.soultz@free.fr

markierung durch **Sengern** und **Lautenbachzell**. Am Ortsende überqueren wir die Lauch sowie die D430 und orientieren uns an der Radmarkierung in Richtung Buhl, wobei wir zweimal die D430 kreuzen. Ab **Buhl** bleibt der Radweg links der Straße und mündet am Ortsbeginn von **Guebwiller** in die D430 ein.
Geradeaus – jetzt ohne Radmarkierung – durch die Rue du 17 Novembre und nach links erreichen wir das Stadtzentrum. Auf Höhe der romanischen Kirche St. Léger wenden wir uns nach rechts in die Rue du Général Gouraud, nach 200 m nach links in die Rue Théodore Deck und gelangen zur D430, auf der wir nach rechts schließlich **Soultz-Haut-Rhin** erreichen.

Von weitem zu sehen ist die weiße, kugelförmige Radarstation auf dem kahlen Gipfel des Grand Ballon.

Rechts: Aus dem späten 12. Jh. stammt die eindrucksvolle Kirche St-Léger in Guebwiller.

mittel

51 km

↑ 230 m
↓ 230 m

4 Std.

Von Thann zum Lac de Kruth-Wildenstein

Thann – St. Amarin – Kruth – Lac de Kruth-Wildenstein – Husseren-Wesserling – Thann

Viel befahren ist die Hauptstraße durch das Vallée de la Thur, wo sich Ortschaften und Industriebetriebe aneinander reihen. Von Thann, das am Ausgang des Vallée de la Thur liegt, führt die Radtour jedoch abseits der Durchgangsstraße auf der nördlichen Talseite aufwärts zu dem im Sommer recht belebten Lac de Kruth-Wildenstein und auf der südlichen Seite auf ruhigen Sträßchen bequem talabwärts.

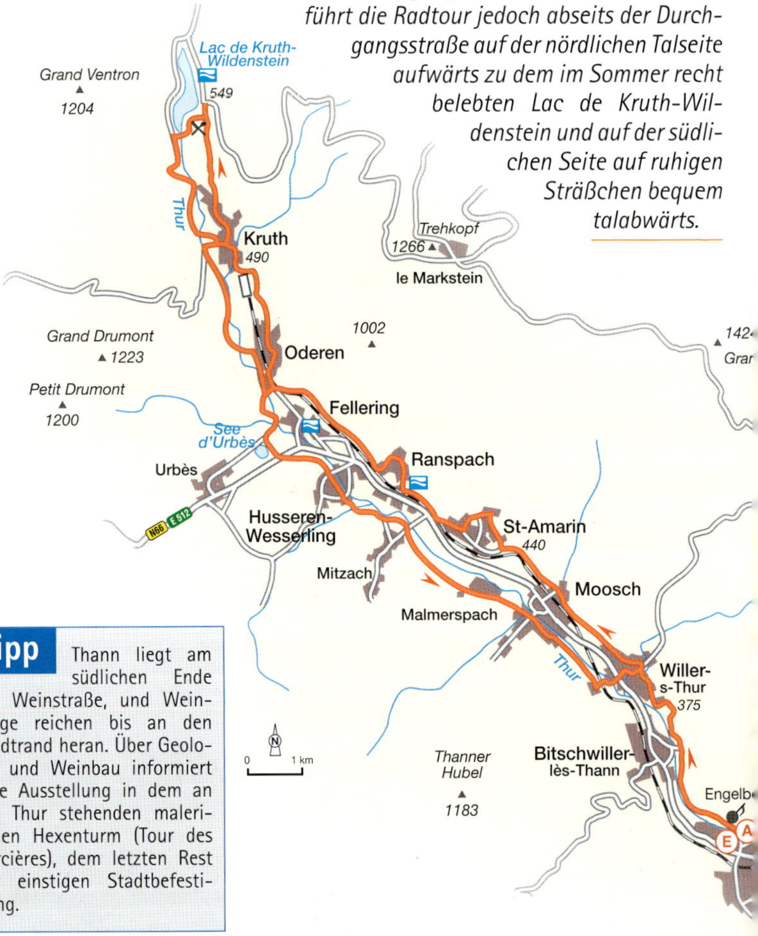

Tipp

Thann liegt am südlichen Ende der Weinstraße, und Weinberge reichen bis an den Stadtrand heran. Über Geologie und Weinbau informiert eine Ausstellung in dem an der Thur stehenden malerischen Hexenturm (Tour des Sorcières), dem letzten Rest der einstigen Stadtbefestigung.

Tourencharakter: Rundtour im engen Tal der Thur; talaufwärts am Fuß des nördlichen Talhang, durch zahlreiche Ortschaften, talabwärts am südlichen Talhang; viele kurze Anstiege; auf Landstraßen, Wohnstraßen und asphaltierten Wirtschaftswegen; 6 km auf Landstraße, die an Wochenenden stark befahren sein kann.
Ausgangs- und Endpunkt: Thann
Anreise: A35, Strasbourg – Mulhouse, Ausfahrt 31; über Ensisheim, Pulversheim und Wittelsheim zu Kreisverkehr bei Cernay; N66 über Vieux-Thann nach Thann; großer Parkplatz (Place du Bungert) am Rand der Altstadt.
Streckenverlauf: Willer-sur-Thur 5,5 km, St. Amarin 7,5 km, Oderen 5,5 km, Lac de Wildenstein-Kruth 8 km, Fellering 8,5 km, Malmerspach 5,5 km, Willer-sur-Thur 4,5 km, Thann 6 km.
Variante: Verkürzung möglich durch Anfahrt mit Bahn von Thann nach Kruth.
Wegweisung: Durchgehend hervorragend markiert mit blauen Täfelchen.
Karte: IGN TOP 100, 1:100000, Blatt 31 St-Dié/Mulhouse/Bâle.

Tourenverlauf

Vom Parkplatz am Rand der Altstadt von **Thann** wenden wir uns – die Altstadt zur Linken – nach rechts über die Thur und folgen der Radmarkierung durch enge, wenig befahrene Straßen entlang dem Flüsschen Thur zum Stadtrand. Vorbei an **Bischwiller-lès-Thann**, das auf der anderen Flussseite liegt, und direkt entlang der Thur – hier einige Picknickplätze – erreichen wir bald **Willer-sur-Thur**, wo wir auf Höhe der Kirche auf die Ortsdurchfahrt stoßen.

Wir halten uns rechts und folgen der guten Radmarkierung in Richtung Moosch durch den ruhigen Ort. In leichtem Auf und Ab erreichen wir auf einem Sträßchen entlang des Waldrands **Moosch**, dessen Zentrum links liegen bleibt. Am Ortsrand folgen wir den Radmarkierungen und steigen auf einem schmalen Sträßchen an nach **St-Amarin**. Auf einer Wohnstraße, von der wir auf das Tal blicken, fahren wir hinunter zur Kirche und, vorbei am Musée Serret, weiter in Richtung Ranspach. Wir durchfahren den ruhigen Ort **Ranspach** und gelangen am Hang oberhalb von Husseren-Wesserling nach **Fellering**. Wir bleiben in den Außenbezirken des Orts und erreichen auf einem

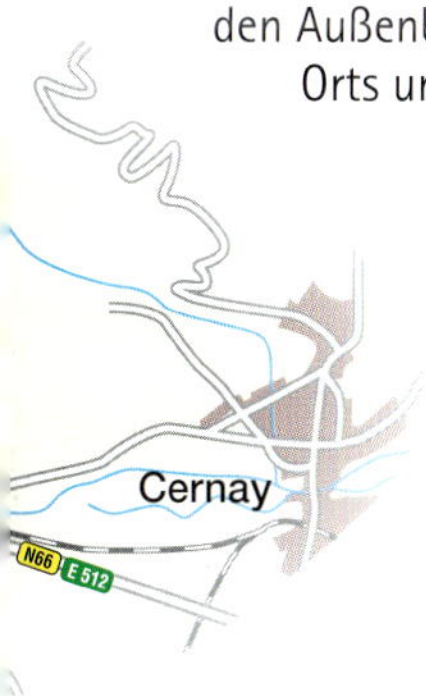

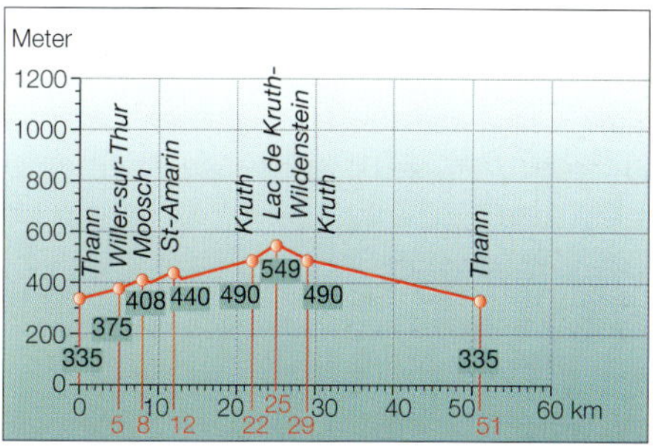

Essen und Trinken: In Thann, Willer-sur-Thur, St. Amarin, Fellering, Oderen, Kruth, am Lac de Kruth-Wildenstein, in Husseren-Wesserling, Malmerspach, Moosch.
Einkehrtipps: In Kruth Auberge de France mit Terrasse (Ruhetag Do); am Lac de Kruth-Wildenstein Auberge du Lac mit Tischen im Freien (durchgehend geöffnet, Ruhetag Mo).
Unterkunft: In Thann u.a. Hotel Floridor (Tel. 0389370952).
Sehenswertes: In Thann Historisches Museum im ehemaligen Kornhaus, Ausstellung zu Weinbau, gotische Kirche St-Thiébaut; in St-Amarin Musée Serret (militärhistorisches Museum zum 1.und 2.Weltkrieg); in Husseren-Wesserling Musée du Textile.
Öffnungszeiten: In Wesserling Musée du Textile, April–Sept.10–12 und 14–18 Uhr, Okt.–März 10–12 und 14–17 Uhr, tägl. außer Di.
Information: Office de Tourisme, 7, Rue de la 1ère Armée, F-68800 Thann, Tel. 0389379620, Fax 0389370458, E-Mail OFFICE-DE-TOURISME.THANN@wanadoo.fr

Sträßchen am Waldrand recht bequem **Oderen**, wo der Radweg in die D13bis einmündet.
Hier folgen wir nicht der Radmarkierung nach links, sondern halten uns rechts auf der Durchgangsstraße, die an schönen Wochenenden stark befahren sein kann. Durch das Straßendorf **Kruth** fahren wir zum **Lac de Kruth-Wildenstein**. Der von bewaldeten Hängen umgebene Stausee ist an sonnigen Tagen ein beliebtes Ausflugsziel. Hier kann man in der Auberge du Lac einkehren, sich Tretboote und Kajaks leihen, sich auf den Liegewiesen sonnen und baden, jedoch mit Vorsicht und auf eigenes Risiko. Ein Informationsschild weist auf die Gefahren des Badens in einem Stausee hin.
Am Südufer des Sees halten wir uns links (Radmarkierung in Richtung »Barrage«) auf einen asphaltierten Fahrweg. Wir überqueren die riesige Staumauer und radeln bequem talabwärts, vorbei am Campingplatz Le Schossberg, nach **Kruth.** Auf der Talsohle gelangen wir zwischen Wiesen und mit Blick auf die steilen, bewaldeten Talhänge nach **Oderen**. Durch Wohnstraßen, vorbei an der erhöht stehenden Kirche, und auf ruhigem Sträßchen erreichen wir **Fellering**, wo wir uns am Ortsrand nach rechts wenden. Der Radmarkierung in Richtung Husseren-Wesserling folgen wir zum **Naturschutzgebiet See d'Urbès**, einem verlandenden See, dessen Wasser früher benutzt wurde zum Antrieb der Turbinen in der Textilfabrik in Wesserling. Links der Straße sind noch zwei kleine Wehre erhalten geblieben. Wir kreuzen die N66 und fahren auf einem Radweg parallel zu dieser viel befahrenen Straße nach **Husseren-Wesserling**.
Abstecher: Wer sich erfrischen möchte, hält sich hier links in die Rue de la Thur, kreuzt die N66 und erreicht nach 300m das Frei- und Hallenbad. Wir fahren geradeaus am Ortsrand entlang und kreuzen wiederum eine Straße.
Abstecher: Nach links erreicht man das **Musée du Textile**. In Wesserling entstand im Jahr 1762 eine Textilfabrik, die mit einer der ersten Stoffdruckereien zu einem wichtigen Industriezentrum wurde. Die »Manufacture d'Impression de Wesserling« ist

noch immer in Betrieb. Umgeben ist das Museum von einem Park, den einer der Fürstäbte von Murbach, der hier ein Schloss besaß, im 17. Jh. anlegen ließ.
Am Ortsrand setzen wir unsere Fahrt fort, vorbei an den Fabrikhallen der Wesserling-Manufaktur, dann zwischen Viehweiden und durch Wald zu einer Abbiegung des Radwegs nach links. Rechts der Thur fahren wir an St. Amarin vorbei nach **Malmerspach**. Hier biegen wir scharf rechts ab – nach links ist es nur ein kurzer Abstecher zum Café Au Pont – und erreichen auf einem ruhigen Wohnsträßchen **Moosch**. Vorbei am Café du Pont und zwischen Viehweiden auf dem Talgrund radeln wir nach **Willer-sur-Thur**. Wir überqueren die Bahngleise sowie die Ortsdurchfahrt N 66, halten uns kurz nacheinander zweimal rechts und folgen der Radmarkierung in Richtung Bitschwiller-lès-Thann nach links aus dem Ort hinaus. Auf dem gleichen Weg, auf dem wir zu Beginn der Tour Willer-sur-Thur erreichten, kehren wir zu unserem Parkplatz in **Thann** zurück.
Wer sich die **Altstadt** ansehen möchte, überquert unterhalb der Ruine Engelbourg auf einer Fußgängerbrücke den Fluss und erreicht geradeaus in der Avenue des Volontaires die Hauptstraße. Nach links gelangt man zur ehemaligen Kornhalle (heute Heimatmuseum) und zur Kirche St-Thiébaut, einer der schönsten gotischen Kirchen des Elsass mit eindrucksvoller Westfassade, figurengeschmücktem Portal – insgesamt 500 Figuren –, Glasfenstern und Chorgestühl aus dem 15. Jh.
Variante: Mit der Bahn (Transport von Rädern möglich) in ca. 30 Min. von Thann zur Endstation Kruth; dort folgen wir der obigen Beschreibung. Fahrzeiten der Bahn: nur Mo-Sa, vormittags gegen 9 und gegen 12 Uhr. Länge der Variante: 38 km.

Auf Radwegen abseits der Durchgangsstraßen radelt man gemütlich durch das Vallée de la Thur.

anspr.

48 km

↑270 m
↓270 m

3½ Std.

DURCH DEN SUNDGAU

Illfurth – Altkirch – Hirtzbach – Seppois-le-Bas – Dannemarie – Eglingen – Illfurth

Wenig bekannt ist die Hügellandschaft im Süden des Elsass, der Sundgau. Vortrefflich radeln lässt es sich auf den Radwegen entlang des Rhône-Rhein-Kanals und der Flüsschen Largue und Ill.

Beliebt bei Radfahrern und Inline-Skatern ist der Radweg entlang des Canal du Rhône au Rhin.

Tourenverlauf

Von der Kirche in **Illfurth** wenden wir uns zur Ortsdurchfahrt, kreuzen sie und stoßen auf die Radmarkierung, die uns am Hang des Ill-Tals durch die Orte **Tagolsheim**, **Luemschwiller** und **Walheim** nach **Wittersdorf** führt. Wir folgen nicht weiter der Markierung, sondern halten uns in der Rue de Walheim rechts, an der D 410 erneut rechts und biegen links ab auf die D 16, die leicht ansteigt zum Rand der Altstadt von **Altkirch**. Wir folgen der Ausschilderung »Toutes Directions« nach rechts, in Richtung Hirsingue nach links zu einer Stoppstelle, an der wir nach rechts die Ill überqueren. Nach der Brücke biegen wir links ab und stoßen auf eine Radmarkierung, der wir nach **Car-**

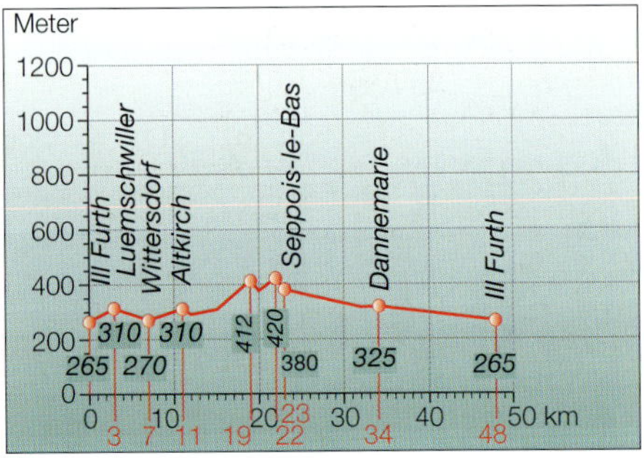

Essen und Trinken: In Illfurth, Wittersdorf, Altkirch, Carspach, Hirtzbach, Seppois-le-Bas, auf der Höhe von Mertzen, in Altenach, Dannemarie, Eglingen.
Einkehrtipps: In Altenach Relais de la Largue, ehemaliger Bauernhof mit Tischen im Hof, regionale Spezialitäten, u.a. Karpfen und Flammenkuchen (Ruhetag Di). In Eglingen Restaurant Schererer mit Garten, durchgehend kleine Gerichte, Zugang vom Radweg.
Unterkunft: In Carspach Auberge Sundgovienne (Tel. 0389409718).
Sehenswertes: In Altkirch das Heimatmuseum Musée Sundgauvien.
Information: Office du Tourisme, Place Xavier Jourdain, F-68130 Altkirch, Tel. 0389400290, Fax 0389088690.

Tourencharakter: Großteils auf Radwegen auf ehemaliger Bahntrasse und am Canal du Rhône au Rhin, ca. 10 km auf ruhigen Landstraßen; wenige Anstiege auf erstem Streckenabschnitt.
Ausgangs- und Endpunkt: Illfurth.
Anreise: Von Mulhouse auf der D 432 in Richtung Altkirch bis Illfurth; Parkmöglichkeiten bei der Kirche.
Streckenverlauf: Altkirch 11 km, Hirtzbach 4 km, Seppois-le-Bas 8,5 km, Dannemarie 10,5 km, Illfurth 14 km.
Wegweisung: Gut markiert (blaue Täfelchen); keine Markierung in Altkirch und zwischen Hirtzbach und Seppois-le-Bas.
Karte: IGN TOP 100, 1 : 100 000, Blatt 31 St-Dié/Mulhouse/Bâle.

spach folgen, von dort nach **Hirtzbach**. Am ehemaligen Bahnhof verlassen wir den Radweg, fahren rechts durch den Ort und folgen der D 17 II über **Largitzen** nach **Seppois-le-Bas**. Am Ortsbeginn biegen wir rechts ab (Radweg), der auf der Trasse einer einstigen Bahnlinie verläuft und an den Orten **Mertzen** und **Altenach** vorbei zur D 103 führt. Wir folgen der Ausschilderung »Piste du Canal« bzw. »Wolfersdorf« nach **Dannemarie** zum Bootshafen am **Canal du Rhône au Rhin**. Auf dem Radweg radeln wir, vorbei an **Hagenbach**, **Eglingen** und **Heidwiller**, nach **Illfurth**. An der Kanalbrücke verlassen wir den Radweg nach rechts und kehren zum Parkplatz an der Kirche zurück.

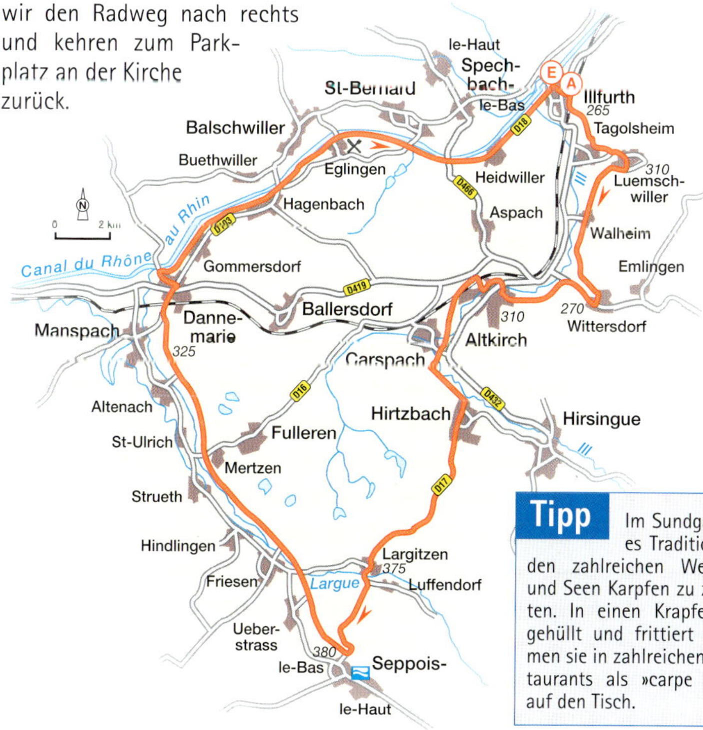

Tipp

Im Sundgau ist es Tradition, in den zahlreichen Weihern und Seen Karpfen zu züchten. In einen Krapfenteig gehüllt und frittiert kommen sie in zahlreichen Restaurants als »carpe frite« auf den Tisch.

leicht

55 km

↑ 40 m ↓ 40 m

3½ Std.

Entlang des Canal de Huningue

Huningue – Kembs – Niffer – Ottmarsheim – Grunhutte (Forêt de la Hardt) – Kembs – Huningue

Beschaulich geht es zu am Canal de Huningue, der Anfang des 19. Jh. erbaut wurde. Es gibt fünf Schleusen auf 28 km Länge, auf dem Wasser Schwäne, Enten, Gänse, am Weg immer wieder Picknickplätze, in Kembs einen kleinen Jachthafen mit Einkehrmöglichkeit.

Tourenverlauf

Wir starten in **Huningue** am »Parc des Eaux Vives« und folgen dem Kanal durch eine Grünanlage, passieren **Village-Neuf, Rosenau** sowie **Kembs-Loechle**. In **Rosenau** lohnt sich ein Besuch der Kirche Sts-Peter et Paul – immerhin die am besten erhaltene romanische Kirche in ganzen Elsass.

Wir überqueren bei **Kembs** eine Zugbrücke und fahren am kleinen Jachthafen vorbei. Beim Zusammenfluss des Canal de Huningue mit dem Canal du Rhône au Rhin unterqueren wir eine Straßenbrücke und verlassen den Radweg auf Höhe eines Parkplatzes nach links hinauf zur D 52. Nach ca. 1 km biegen wir links ab auf die D 468, der wir durch **Niffer,** vorbei an **Petit-Landau** nach **Hombourg** folgen.

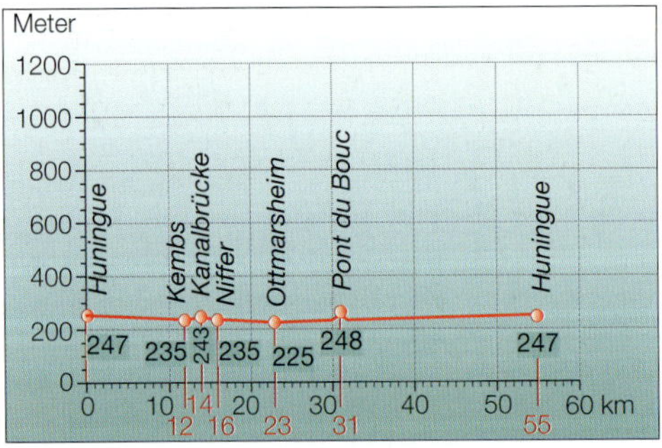

Hier halten wir uns geradeaus auf der Rue d'Ottmarsheim und erreichen den Ortsbeginn von **Ottmarsheim**. Wir kreuzen die D 108, folgen der D 468 nach rechts in den Ort hinein und biegen rechts ab zur sehenswerten romanischen Kirche (Eglise Romane), einem achteckigen Bau (11. Jh.). Die Kirche wurde bei einem Brand im Jahr 1991 beschädigt; heute sind jedoch selbst die Fresken restauriert und daher sehr sehenswert.

Tourencharakter: Rundtour ohne Anstiege; auf Radweg entlang des Canal de Huningue, auf Landstraßen nach Ottmarsheim, auf Forstwegen durch den Forêt de la Hardt, auf Kanal-Radweg zurück.
Ausgangs- und Zielort: Huningue.
Anreise: A35, Mulhouse – Basel, Ausfahrt 37; D 105 nach St-Louis; an Ampel rechts in Richtung »Centre«, am Kreisverkehr geradeaus und an nächster Ampel links in Richtung Huningue; nach 1,5 km an Kanalbrücke rechts zu Parkplatz am »Parc des Eaux Vives«.
Streckenverlauf: Rosenau 6,7 km, Kembs 5,8 km, Ottmarsheim 10,5 km, Canal du Rhône au Rhin 8,1 km, Huningue 23,9 km.
Wegmarkierung: Blaue Täfelchen; keine Markierung zwischen Niffer und Ottmarsheim.
Karte: IGN TOP 100, 1:100000, Blatt 31 St-Dié/Mulhouse/Bâle.

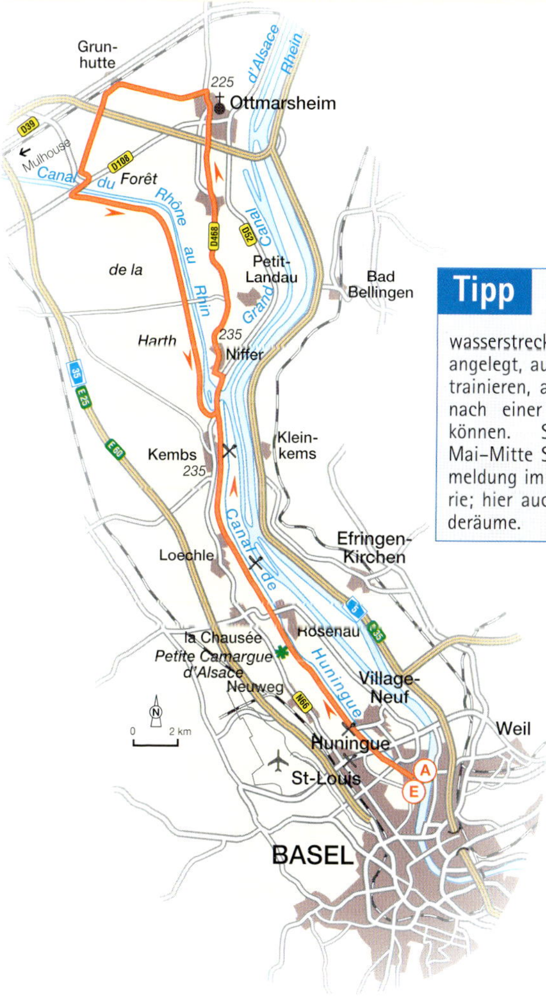

Tipp

Parallel zum Kanal wurde in Huningue eine Wildwasserstrecke (»Parc des Eaux Vives«) angelegt, auf der erfahrene Kanuten trainieren, aber auch Neulinge sich, nach einer Einweisung, versuchen können. Schnupperkurse: Mitte Mai–Mitte Sept. So. 14–18 Uhr; Anmeldung im Infozentrum La Timonerie; hier auch Duschen und Umkleideräume.

Rechts: Die romanische Kirche in Ottmarsheim.

Wir kehren zur Ortsdurchfahrt zurück, halten uns rechts und am Ortsende an der Gendarmerie links auf einen Wirtschaftsweg, der durch den **Forêt de la Hardt** führt. Kurzzeitig fahren wir an Bahngleisen entlang, dann in Richtung Pont du Bouc weiter durch Wald.

Schließlich stoßen wir auf die D55, folgen ihr nach links auf einem Radweg, überqueren die **Pont du Bouc** und fahren am Ende der Brücke rechts hinunter zum Radweg am **Canal du Rhône au Rhin.**

Nach rechts gelangen wir wieder zum Zusammenfluss der beiden Kanäle und kehren auf dem gleichen Weg entlang des Kanals nach **Huningue** zurück.

Essen und Trinken: In Huningue, Village-Neuf, Rosenau, Kembs-Loechle, am Hafen in Kembs, in Niffer, Petit-Landau, Ottmarsheim.
Einkehrtipps: In Kembs-Loechle Restaurant Les Ecluses mit Garten, Fischspezialitäten (kurzer Abstecher). Am Jachthafen in Kembs La Pinache mit Terrasse.
Unterkunft: In Huningue u.a. Le Relais de Bâle (Tel. 03 89 69 86 10), Camping Au Petit Port (Tel. 03 89 70 01 71).
Sehenswertes: In Huningue »Parc des Eaux Vives« und Historisches Museum; in Ottmarsheim romanische Kirche.
Information: Office de Tourisme du Pays de St.-Louis-Huningue, 81, rue Vauban, 68128 Village-Neuf, Tel. 03 89 70 04 49, Fax 03 89 67 30 80, E-Mail ot.saintlouis.huningue @wanadoo.fr

Der Canal de Huningue

Kleiner Sprachführer

Mit dem Fahrrad unterwegs

alternateur	Dynamo
auberge	Gasthaus
boyau	Schlauch
cadre	Fahrradrahmen
carrefour dangereuse	gefährliche Kreuzung
cedez le passage	Vorfahrt achten
chaine	Kette
chapelle	Kapelle
château	Schloss
chemin	Weg
clef plate	Schraubenschlüssel
couvre-chaine	Kettenschutzblech
col	Sattel, Passhöhe
crête	Kamm
descente dangereuse	gefährliche Abfahrt
écrou papillon	Flügelmutter
église	Kirche
ferme auberge	Bergbauernhof
feu arrière	Rücklicht
forêt	Wald
fourche	Gabelung
frein (à main)	(Hand-) Bremse
garde-boue	Schutzblech
gare	Bahnhof
guidon	Lenkstange
interdit sauf cyclistes	Durchfahrt frei für Radfahrer
jante	Felge
lac	See
maison forestière	Forsthaus
manette de dérailleur	Gangschaltung
manivelle	Tretkurbel
moyeu	Nabe
office de tourisme	Touristenbüro
pédale	Pedal
phare	Scheinwerfer
pince	Zange
piscine	Schwimmbad
piste cyclable	Radweg
plateau de pédalier	Kettenrad
pneu	Reifen
pompe	Luftpumpe
pont	Achse
pont arrière	Hinterachse
potence	Sattelstütze
rayon	Speiche
rivière	Fluss
sacoche	Satteltasche
salon de thé	Café
selle	Sattel
soupape	Ventil
tour	Turm
tournevis	Schraubendreher
vallée	Tal
vilebrequin	Kurbelwelle
village	Dorf
ville	Stadt

Essen und Trinken

casse-croûte	Imbiss
cuisine traditionelle	traditionelle Küche
déjeuner	Mittagessen
menu du jour	Tagesmenü
petit déjeuner	Frühstück
petit plat	kleines Gericht
plat régional	lokale Spezialität
repas chaud	warmes Essen
agneau	Lamm
ail	Knoblauch

Spezialitäten

asperge	Spargel
beurre	Butter
bière	Bier
bœuf	Rind
boisson	Getränk
bouteille	Flasche
café au lait	Milchkaffee
canard	Ente
cerf	Hirsch
cerise	Kirsche
chèvre	Ziegenkäse
civet	Wildragout
coq	Hahn
cuisses de grenouille	Froschschenkel
eau minérale	Mineralwasser
eau-de-vie	Schnaps
foie	Leber
foie gras	Stopfleber
fraise	Erdbeere
framboise	Himbeere
fromage	Käse
fruits	Obst
gâteau	Kuchen
gendarme	gerauchte Wurst, rechteckig gepresst (Landjäger)
gibier	Wild
glace	Eis
hareng	Hering
jambon	Schinken
jarret	Hachse
knack	gekochte Straßburger Wurst
Kougelhopf	Hefekuchen, süß oder salzig
lait	Milch
lard	Speck
légumes	Gemüse
miel	Honig
nouilles	Nudeln
œuf	Ei
oignon	Zwiebel
pain	Brot
paté	Pastete
poisson	Fisch
pomme	Apfel
pomme de terre	Kartoffel
porc	Schwein
porc fumé	Kassler
potage	Suppe
presskopf	Schweinskopfsülze
raisin	Traube
riz	Reis
sandre	Zander
sanglier	Wildschwein
saucisse	Wurst
saumon	Lachs
sucre	Zucker
tarte	flacher Kuchen
tarte flambé	Flammkuchen
thé	Tee
tourte	Pastete
truite	Forelle
veau	Kalb
verre	Glas
vin blanc	Weißwein
vin rouge	Rotwein
volaille	Geflügel

Register

Adlerwarte 75
Affenberg 75
Altkirch 134
Andlau 91
Appenwihr 81
Avolsheim 61
Barr 70, 74, 86, 88, 92
Bassin des Mouettes 20
Bastberg 45, 47
Beinheim 26
Bennwihr 108, 119
Bergheim 12, 76, 102, 104, 106, 108
Bernardswiller 73
Betschdorf 40
Biblisheim 36, 39
Biesheim 81
Bindernheim 84
Bischoffsheim 73
Bitche 7
Blienschwiller 76, 91, 93
Boersch 11
Bourgheim 93
Bouxwiller 47
Brotmuseum 95
Burgruine Fleckenstein 23
Burgruine Haut-Barr 50
Canal de Huningue 136
Canal de la Bruche 60, 62
Canal de la Marne au Rhin 52, 53, 56, 62, 68
Canal du Rhône au Rhin 80, 83, 84, 85, 134
carpe frite 135
Châtenois 74, 76
Choucroute 12
Colmar 6, 10, 11, 74, 79, 80, 114, 116
Cygoland 75
Dabo 48, 52
Dalhunden 28
Dambach-la-Ville 12, 76, 78, 90, 93
Dossenheim-sur-Zinsel 45
Ebersmunster 97
Eco Musée d'Alsace 125
Eguisheim 118, 119
Eihnwihr 98
Elsässische Ebene 6, 16, 77, 90, 94
Epfig 8, 93
Eschau 85
Fantasialand 36
Forêt de la Hardt 136
Gerstheim 85
Gertwiller 92
Gimbelhof 22
Goethe, von Johann Wolfgang 28
Gotik 8
Grand Ballon 7, 126, 128
Graufthal 43
Großes Ried 94, 96, 98
Guebwiller 8, 122, 125, 128, 129
Gutenberg 67
Hagenauer Forst 6, 32, 38, 40
Haguenau 6, 38, 51, 59
Haut-Koenigsbourg 10, 100, 102
Heidenmauer 87
Heiligenstein 73, 86, 88
Hirtzbach 135
Hochvogesen 7
Hoffen 33
Höhenburgen 9
Hunawihr 8, 78, 79, 106
Ill 94
Illfurth 134
Imbsheim 47
Ingwiller 42, 47
Itterswiller 14, 76, 91, 92
Jaegerthal 24, 25
Kaysersberg 108
Kembs 136
Kientzheim 79, 107, 108
Kintzheim 75, 76, 100
Kutzenhausen 34, 35, 36
Lac Blanc 112
Lac de Kruth-Wildenstein 130

Lac de la Lauch 127
Langensoultzbach 25
Lautenbachzell 128
Lautertal 6, 20
Lembach 22
Lutzelbourg 53
Marckolsheim 83
Marmoutier 8, 10, 59, 60
Mittelbergheim 92
Molsheim 8, 72
Mont Ste- Odile 86, 88
Mulhouse 6
Munster 8
Murbach 8
Musée du Textile 132
Museen 12
Muttersholtz 97
Naturpark Nordvogesen 22
Naturparks 7
Nautiland 39
Neuf-Brisach 80, 81, 82
Neulauterbourg 20
Neunkirch 84, 85
Neuwiller-lès-Saverne 45
Niedersoultzbach 47
Nordvogesen 7
Nothalten 91
Nuningue 136
Obernai 10, 73
Orbey 110, 112
Ottmarsheim 8
Outre-Forêt 32, 37
Parc des Eaux Vives 137
Parc Naturel Régional des Ballons des Voges 7
Plittersdorf 26
Radwege 16
Rheinfähre 26
Rhein-Radweg 26
Ribeauvillé 10, 77, 104, 105, 109
Riquewihr 10, 74, 78, 106, 107
Rocher de Dabo 52
Roeschwoog 26
romanische Epoche 8
Romanswiller 61
Rosheim 8, 9, 11, 70, 73
Rountzenheim 28
Route des Crêtes 110, 113
Route des Vins 75, 79, 90, 108
Route Romane 10
Ruinen 9
Salmengrund 28
Sauer 34
Saverne 7, 48, 52, 56, 58, 62
Scheibenhardt 20
Scherwiller 76, 98, 99
Schoenbourg 44
Schwobsheim 84
See d'Urbes 132
Sélestat 6, 94, 95, 96, 98
Seltz 26, 30
Sessenheim 26, 31
Sigolsheim 79, 108
Soufflenheim 26, 28, 30
Soultz-Haut-Rhin 122, 126
Spielzeugmuseum 123
Ste-Marguerite 93
Strasbourg 6, 8, 10, 15, 56, 58, 63, 64, 66, 67, 70, 80, 84, 85
Sundgau 7, 134
Sundhoffen 80
Thann 6, 8, 130, 131
Thannenkirch 100, 102
Thanvillé 102
Turckheim 8, 118, 120
Vallée de la Bruche 54
Vallée de la Sauer 25
Vallée de Munster 120
Walbourg 41
Welschdorf 20
Wingen 22
Wissembourg 7, 8, 20, 21
Wittisheim 84, 97
Woerth 32, 33, 34
Wolxheim 60
Zelwiller 93

DER AUTOR

Erich Elsner, geb. 1949, bereist immer wieder das Elsass, um in den Vogesen zu wandern und Rad zu fahren, um Städte und Dörfer zu besuchen, Wein und Essen zu genießen. Diesen Radführer bereichert er mit seiner Ortskenntnis, seinen Erfahrungen und seinen Vorlieben.

Eine Produktion des Bruckmann-Teams, München
Lektorat: Diana Thaler, Dr. Renate Dernedde
Layout und Satz: Gramma GmbH, München
Herstellung: Hubert Bertele und Team
Kartografie: Anneli Nau, München
Umschlaggestaltung: Studio Schübel, Werbeagentur, München

Bildnachweis
Alle Fotos im Innenteil und auf der Umschlagvorder- und Umschlagrückseite vom Autor.

Alle Angaben dieses Werkes wurden vom Autor sorgfältig recherchiert und auf den aktuellen Stand gebracht sowie vom Verlag auf Stimmigkeit geprüft. Für die Richtigkeit der Angaben kann jedoch keine Haftung übernommen werden. Für Hinweise und Anregungen sind wir jederzeit dankbar. Bitte richten Sie diese an den Bruckmann Verlag, Lektorat, Postfach 80 02 40, 81602 München, E-Mail: lektorat@bruckmann.de

Gedruckt auf chlorfrei gebleichtem Papier

Die Deutsche Bibliothek – CIP Einheitsaufnahme
Ein Titeldatensatz für diese Publikation ist bei
Der Deutschen Bibliothek erhältlich.

Gesamtverzeichnis gratis:
Bruckmann Verlag GmbH, Postfach 80 02 40, 81602 München
Internet: www.bruckmann.de

Printed in Italy by Printer Trento S. r. l.
ISBN 3-7654-3738-7